中国新股民

入市必读全书

李凤雷　编著

经济管理出版社

ECONOMY & MANAGEMENT PUBLISHING HOUSE

图书在版编目（CIP）数据

中国新股民入市必读全书/李凤雷编著. —北京：经济管理出版社，2010.10

ISBN 978-7-5096-1125-8

Ⅰ. ①中⋯ Ⅱ. ①李⋯ Ⅲ. ①股票—证券交易—基本知识—中国 Ⅳ. ①F832.51

中国版本图书馆CIP数据核字（2010）第 194827 号

出版发行：**经济管理出版社**

北京市海淀区北蜂窝 8 号中雅大厦 11 层

电话：(010)51915602 邮编：100038

印刷：北京银祥印刷厂 经销：新华书店

组稿编辑：勇 生 责任编辑：张 达

技术编辑：杨国强 责任校对：陈 颖

720mm×1000mm/16 15.75 印张 233 千字

2011 年 1 月第 1 版 2011 年 1 月第 1 次印刷

印数：1—6000 册 定价：32.00 元

书号：ISBN 978-7-5096-1125-8

目 录

第一章 开户必读

第一节 买卖 A 股流程

买卖 A 股的基本流程如图 1-1 所示。

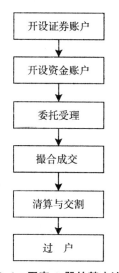

图 1-1 买卖 A 股的基本流程

第二节　证券账户开户流程

证券账户开户流程如图 1-2 所示。

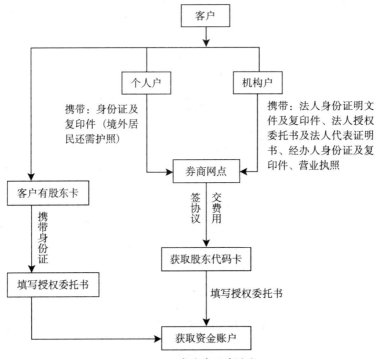

图 1-2　证券账户开户流程

开户费用说明如表 1-1 所示。

表 1-1　开户费用说明

收费项目	收费标准	收费标准
股东账户	个人	机构
深 A	人民币：50 元	人民币：500 元
沪 A	人民币：40 元	人民币：400 元
深 B	港币：120 元	港币：580 元
沪 B	美元：19 元	美元：85 美元

（以上收费仅供参考，具体收费事项以证券公司当时公布的收费为准。）

第三节　开户注意事项

证券账户开户是投资者首先必须做的事情，只有开户的投资者才有资格进行股票交易。开户虽然简单，但要注意的是，有些人是不能够开立证券账户的。例如，证券管理机关工作人员、证券交易所管理人员、证券从业人员、未经法定监护人代理或允许的未成年人、未经授权代理法人开户的人以及法律规定不得开户的人。如果投资者属于上面所说的情况，就不能开立股票账户了。

一、开立个人账户

投资者必须持有效的身份证件（一般为居民身份证）去证券交易所指定的证券登记机构或会员证券公司办理名册登记并开立证券账户。个人投资者在开立证券账户时，应载明登记日期和个人的姓名、性别、身份证号码、家庭地址、职业、学历、工作单位、联系电话等并签字或盖章。在允许代办的情况下，如果请人代办，代办人还须提供身份证。

二、开立资金账户

投资者买卖股票，还需要在券商那里开立交易结算资金账户。资金账户用于记录证券投资活动的资金清算、余额变动情况等事项。

办理完资金账户以后，投资者还需要去相关的银行网点，开通银证转账。这样才能把银行卡里的资金转账到证券账户里，才可以真正买卖股票。开通银证转账的时候，必须要带上身份证和证券账户卡。

第四节　股市常用术语

股市常用术语如表 1-2 所示。

表 1-2　股市常用术语

股票分类术语	
成长股	销售额和利润率呈现出高速增长的态势，业绩稳居同行业的前列，同时注意资本积累和业务扩张的上市公司的股票。
绩优股	每股收益比较高，净资产收益率至少连续 3 年都维持在 10% 以上的上市公司的股票。
冷门股	交易量、股价变化都很小，流动性相当差的上市公司的股票。
热门股	流动性好、股价变化幅度大，交易活跃的股票。
蓝筹股	历史上盈利状况比较好，能够定期分红派息，投资者一直看好的业绩优良的上市公司的股票。
红筹股	最大控股权在 30% 以上直接或者间接隶属于中国内地有关部门或企业，并且在香港注册上市的公司发行的股票。
ST 股	连续两年亏损，特别处理的股票。
*ST 股	连续两年亏损，退市处理的股票。
证券代码前加 DR	表示除权除息，购买这样的股票将不再享有送股派息的权利。
证券名称前加 XR	表示该股票已经除权，购买这样的股票将不再享受分红的权利。
证券代码前加 XD	表示股票除息，购买这样的股票将不再享受派息的权利。
小盘股	总流通的股本较小的上市公司股票。一般小盘股的流通股本在 1 亿股以下。
大盘股	总流通的股本比较大的上市公司股票。
股价常用术语	
涨跌	股票价格相对于前一个交易日收盘价格上涨或者下跌的幅度。
涨跌停板价	为了限制过度投机，证券交易所对证券市场价格的涨跌幅度给予适当限制，当股票的价格涨跌到一定程度之后，就不再有涨跌，这种现象叫做停板。涨跌停板的价格分别叫做涨停板价和跌停板价。
天价	股票从多头市场转化空头市场时的最高价格。
除息	上市公司在发放股息或红利时，要先核对股东名册、召开股东会议等准备工作，这样就规定以某日在册股东名单为准，并公告在此日以后一段时期为停止股东过户期。停止过户期内，股息红利仍发放给登记在册的旧股东，新买进股票的持有者因没有过户就不能享有领取股息红利的权利，这就称为除息。

股价常用术语	
除权	股份公司在向股东发放红利时，除去交易中股票配股或送股的权利称为除权。除权后的股票价格一般会下跌。
填权	除权后股价开始上涨，将除权后的差价给补回去。
填息	除息后股价上涨接近或者超过除息前的股价，二者的差额被弥补，叫做填息。
贴权	股票除权后，股价在除权价基础上下跌的现象就是贴权。
含权	有股利但未除权的股票。
头部	股价上涨到某一个价位后受阻下跌时候对应的价格。
底部	股票长期趋势线的最低点的价位。
股市常用术语	
空头	认为股价已经过高，不久将会下跌而卖出手中股票的投资者。
多头	认为股价合理，看好后市并且买入股票等待股价上涨的投资者。
熊市	市场上大多数的股票呈现出下跌趋势的市场。
牛市	市场上大多数的股票呈现出上涨趋势的市场。
死多头	看多某只股票，买进后即使下跌也不卖出股票的投资者。
死空头	分析失误并且不切实际坚持自己想法、坚持看空的投资者。
利空	不利于股价上涨的负面消息，对持币投资者有利。
利多	有利于股价上涨的好消息，对持股的投资者有利。
反弹	股票在急速下跌的时候，出现的短时间内的上升行情，叫做反弹。
反转	股价朝着原来运动方向相反的方向运动。分为向上反转和向下反转。
回档	股价上涨势头很猛，但终因涨速过快而下跌。
突破	股价从盘整形态转为明显的上涨或者下跌趋势。
吸筹	资金量大的主力投资者大量买入某只股票的行为。
出货	庄家在高位使用隐蔽的手段卖出股票的行为。
建仓	买入股票。
仓位	持有的股票占总资金或者股票的比例。
持仓	持有股票却不卖出股票。
轻仓	股票占资金或者股票总额的比例比较小，大部分是现金。
重仓	用大部分资金买入了股票。
满仓	每一分钱都用于购买股票。
半仓	用一半的资金买入股票。
平仓	将股票卖出的动作。
补仓	看好某一股票或者出于摊平成本的目的而再次买入已经持有的股票。
倒仓	庄家自己或者庄家之间股票的转移买卖。
散户	资金比较少，只是买卖少量股票的普通投资者。
庄家	有很强的实力，可以买卖大量股票，从而控制股价变化的主力投资者。

股市常用术语	
大户	有很大量资金进行股票买卖的投资者。
机构	从事股票买卖的法人。
主力	有很强的资金实力，能够通过股票的买卖来大幅度影响股价走势的大户。
对敲	庄家或者机构等在多家证券营业机构开立交易账户，以拉锯方式在各个营业部之间报价交易，以达到操纵股价的目的。
敲进	迅速以卖出价格买进股票的行为。
敲出	依照买入价格卖出股票的行为。
套牢	买入股票后，股价不涨反跌，投资者不愿意亏钱卖出股票而等待股价上涨，称为多头套牢。 预计股价会下跌，卖出股票后股价又开始上涨，称为空头套牢。
打压	用各种手法将股价压低。
筹码	投资者手中持有的一定量的股票。
诱空	主力、庄家有意制造股票下跌的假象，诱使投资者卖出股票后，再将股价拉起，使投资者踏空的行为。
诱多	主力、庄家暗中出货，却明着拉升股价，诱使投资者误以为后市看涨而大量买入股票。
扎空	庄家为了使股价在拉升的时候有上涨空间，打压股价到一定价位后，散户就会由于恐慌而抛售股票，最后庄家趁机买入被抛售的股票，这种手法叫做扎空。
扎多	投资者看好后市的前景，认为后市会大涨，于是持股不动。但是看空的投资者大量抛售股票，将股价打压下来，看好后市的投资者损失惨重。
踏空	投资者认为股价会继续下跌而没有买入股票，但是股价却走出连续上涨的行情，失去了赚钱的好机会。
割肉	将股票亏损卖出。
零股交易	1只股票成交单位是1手（1手=100股），不到1手就是零股交易。
哄抬	主力用不正当的手法将股价拉起，在股价升高后，再大量卖出手中的股票。
抢搭车	投资者见到股票上涨后马上买入的行为。
下轿子	投资者获得好的收益后立即卖出股票的行为。
坐轿子	投资者预计会有利多或者利空消息出现，而在消息公布以前，提前买进或者卖出股票，等消息公布的时候再将股票抛售或者买入，牟取暴利，这就叫做坐轿子。
抬轿子	多空因素被投资者知晓后，预计股价将会剧烈波动，跟着抢买抢卖，但收益却不多甚至被套，就是给别人抬轿子。
股市盘口术语	
盘口	股票委托买卖五个档位的交易信息。
盘整	股票经过一段连续的上涨或者下跌后，多空双方力量开始处于均衡状态，股价开始在小范围内上下波动。
盘档	投资者买卖股票相当不积极，大多数采取观望的态度，股价波动幅度收窄，这种情况称为盘档。

股市盘口术语	
盘坚	股价缓慢上涨。
震盘	股价波动不稳定，忽高忽低。
护盘	主力在股价低位买入股票，用以带动中小投资者一起买入的行为。
红盘	当天收盘价高于昨天的收盘价。
跳水	股价在短时间内大幅度地下跌。
升水	相对于以前的投资，股价已经大幅度上涨。
试盘	主力在拉升股票前，通过少量的买卖股票，来试探市场的买卖意愿、持仓成本等情况。
洗盘	庄家为了日后拉升股价的时候减小抛售的压力，将股价打压到低位，使持仓成本低的散户卖出股票，买入股票的投资者的成本就会在高位，这样便于以后的股价拉升。
探底	股价下跌到一定程度后，由于受到支撑作用，连续几次触底反弹的动作。
杀跌	投资者抛售手中的股票，使下跌途中的股票继续下跌。
阻力线	股价上涨到某一个价位附近时，空方开始抛售股票，股价就停止上涨，这时候股价所对应的价格线就是压力线。
支撑线	股价下跌到某一个价位的时候，在多方的大量买入下，停止下跌或者开始上涨，这时候股价对应的价格线就是支撑线。

第二章 委托必读

第一节 委托买卖股票流程

委托买卖股票流程如图 2-1 所示。

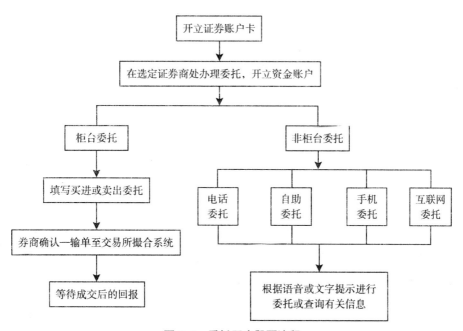

图 2-1 委托买卖股票流程

第二节 委托买卖的内容

当投资者有了证券账户和资金账户后，开通银证转账并且把钱汇入资金账户时，就可以委托买卖股票了。委托买卖也就是券商接受委托并代理投资者买卖股票的行为，在代理过程中，要从客户那里收取佣金。

投资者委托的主要形式大体分为柜台委托和非柜台委托。柜台委托要客户亲自去券商那里办理委托手续，手续比较繁琐，而且不太实用，这里就不多说了。非柜台委托主要有电话委托、自助委托、手机委托、互联网委托等。

现在多数股民倾向于使用互联网委托买卖股票，因为互联网买卖股票有诸多优点是其他的委托方式所不能比拟的。

第三节 委托买卖的主要方式

一、电话委托

投资者可以借助券商提供的电话号码，进行股票委托买卖。使用电话委托时，只需要输入自己的账户号码以及交易密码，就可以按照语音提示买卖股票了。电话委托速度相比互联网委托慢了一些，因此短线操作股票的投资者，最好不要使用这种方式买卖股票，以免错过交易时机。

二、自助委托

在券商的营业部，一般都设有专门用于交易的电脑终端。投资者可以凭借股东卡和密码，进入电脑进行股票委托买卖。这种委托方式，适用于住所离营业部比较近的客户。而且营业部的电脑终端一般数量有限，只能供少量的投资者委托买卖股票。

三、手机委托

随着无线互联网技术和手机技术的发展，手机委托炒股这种新的委托交易形式逐渐被广大投资者接受。只要投资者拥有一部手机，并且在券商处开通相关服务，在交易时间里，就可以随时随地查看行情，并下单买卖股票。这里要说的是，投资者要确保手机网络畅通无阻，而且必须熟练使用这种委托方式，才能随时随地委托买卖。

四、互联网委托

投资者可以通过电脑，与券商的交易系统相连，完成股票委托买卖操作。这种股票交易形式，已经被多数投资者所采纳。

第四节　限价委托

投资者买卖股票都希望减小风险、增大利润，而限价委托虽然不能增加多少利润，但可以限定成交价格，减小不必要的亏损。这是因为，当投资者利用限价指令买入股票时，股票成交的价格只能以限定的价格或者低于限定价格而成交；而当投资者利用限价指令卖出股票时，股票的成交价格只能是以限定价格或者低于限定价格而成交。

这种委托方式的优点是：可以按照投资者的意愿选定成交价格，实现利益最大；缺点也是很明显的：成交速度较慢。因为限价通常和市价有一定差距，只有两者一致的时候才能用限价指令成交。如果市价委托出现时，市价委托将优先成交。这样就造成投资者用限价委托的股票，可能根本无法成交，错失交易的良机。

第五节　市价委托

市价委托可以按照市场的价格，以最好的价格快速成交，在追涨杀跌时是非常有用的。因为市价指令是按照市场中投资者挂单的买卖价格成交，无须等待合适的价格出现。由于市场价格的不确定性，价格可能上下跳空，如果按照跳空后的价格成交的话，一旦价格出现回调，损失会比较惨重。投资者在进行股票买卖的时候，应该"谨慎"使用市价委托。

备注：撤单指令：如果市况与投资者的意愿相反时，可以利用撤单指令撤销未成交的委托单。撤单指令可以撤销未成交的买入或者卖出的委托单。例如，假如你以10元/股的价格卖出中国石油1手，但之后你觉得股价可以涨到10.5元/股，这样的话可以先撤销委托单，以更高一点的价格（如10.4元/股）卖出中国石油。

第六节　电话委托办理

相比函电委托等方式，通过电话委托交易是很方便的。投资者可以在办理股票开户手续的同时，在证券营业部同时开通电话委托。开户时一般需要股民的身份证和证券账户卡等资料。

第七节 电话委托流程

电话委托一般操作流程如图 2-2 所示。

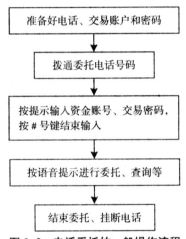

准备好电话、交易账户和密码

↓

拨通委托电话号码

↓

按提示输入资金账号、交易密码，
按 # 号键结束输入

↓

按语音提示进行委托、查询等

↓

结束委托、挂断电话

图 2-2 电话委托的一般操作流程

注意：在不同证券公司开户的股民可能操作上略有不同，股民电话委托的时候可以参考券商提供的电话委托交易流程图，按步骤操作。电话上边的"*"键当做小数点使用，"#"键作为确认或结束使用。

第八节 网上证券交易

网上证券交易，是指投资者利用互联网买卖股票的一种方式。通过互联网，股民可以查看股票资讯、股票行情、完成资金划转、下单、成交等一系列动作。可以说通过互联网股民就可以足不出户，完成股票交易的各个流程。网上证券交易最大的特点就是其时效性。

一、网上证券交易流程

1. 登录券商相关网站，下载行情软件和交易软件

例如：中原证券 http：//www.ccnew.com/，登录后下载软件。

2. 验证其完整性

步骤是：下载 MD5 码校验工具——计算软件的 MD5 码——把计算得到的 MD5 码与券商网站提供的 MD5 码比较——如果二者相同，则软件是安全的。

3. 按要求点击安装行情软件和交易软件

4. 点击桌面显示的"行情软件"快捷方式，输入账号和密码，就可以查看行情了

二、网上证券交易优点

1. 股民通过互联网买卖股票，是一种比较便捷的交易手段

无论身在何方（前提是已经开户的投资者），只要身边有一台可以上网的电脑，就可以买卖股票了。其实网上证券交易不仅仅提供了一种交易手段，而且还提供了一个投资者之间互相沟通的平台。通过互联网，股民朋友可以查看行情、资讯信息、与其他股民交流炒股经验。这都是其他的委托交易方式不可比拟的。

2. 交易费用一般比较低

相比电话委托，网上证券交易的佣金要低一些，这对于交易量比较大的投资者或者短线投资者是尤其有利的。特别是短线投资者，频繁地进出市场，买卖股票，交易费用必然上升。有时候投资者账面上的亏损是由于频繁交易致使费用增加造成的。

（1）网上证券交易向证券投资者提供最便捷的直接交易手段。网络跨越时空的能力使得投资者足不出户就能进行证券买卖不再是一种奢求，只要在证券营业部开户，拥有一台电脑，就可以在家中享受证券公司大户室的待遇，不仅可以看到即时交易行情，进行下单委托，还可以浏览到比在证券营业部见到的更为丰富详尽的信息，获得权威性的投资咨询服务。

（2）可获得交易费用减免等。网上交易佣金一般是营业部柜台交易的一半，甚至更低。

三、网上交易注意事项

网上交易在提高股民投资效率的同时，也暴露出一些问题。这些问题主要来自互联网以及使用互联网的人，如电脑病毒、网络中断、委托下单失败等。针对这些问题，股民在炒股时应注意以下事项：

（1）使用系统配置合理稳定的电脑操作，避免由电脑硬件引起的不必要的问题。

（2）使用稳定的宽带系统进行股票交易，不去网吧等公共场所买卖股票。一般来说，去网吧等场所买卖股票，发生各种风险的概率会高一些。因此，股民朋友最好在家中炒股。

（3）正确安装杀毒软件以及防火墙等防护软件，并且定期升级维护、定期对电脑查杀病毒，防患于未然。

（4）养成健康的上网习惯，不看不合法、不健康的网页，这样可以很好地避免网络病毒对股民电脑的侵害。

（5）定期更改自己的交易密码，防止木马等病毒盗用个人信息。

（6）俗话说"手中有粮，心中不慌"。交易的过程中出现问题不要紧，重要的是我们要做好充分的准备工作。股民朋友可以在电脑里安装多套交易和行情软件，作为备用软件。一旦出现问题，无法进行网上委托交易，还可以利用手边的电话，拨打电话委托交易的号码，这样就可以万无一失。

（7）在券商和交易所网站上，有网上交易应该注意的事项，并且有些是经常更新的，希望股民朋友多浏览一下，这样对于网上安全交易是很有好处的！

以上这些，如果都能做到，加上股民朋友经常练习、使用互联网的相关技巧，相信每个人都可以顺利完成证券交易。

第三章 交易必读

第一节 竞价成交

一、集合竞价

集合竞价用于股市开盘和收盘时的价格确定。比如，在股市开盘的时候，由于没有开盘的价格，投资者必须要按照自己的意愿输入交易价格，利用交易所的系统集中撮合成交确定开盘价格。这时所用的确定价格的方式就叫集合竞价。

股民朋友要理解集合竞价，还要知道以下一些事项：

1. 集合竞价的时间

沪深两个证券交易所开盘集合竞价的时间是 9:15~9:25，收盘集合竞价时间是 14:57~15:00。也就是说，投资者在这两个时间范围内输入的申报价格都可以参与集合竞价，产生开盘价或者收盘价。

2. 集合竞价的申报规定

因为不存在开盘价格，所以股民只能以限价指令进行申报，来确定开盘价格。申报的数量不能大于 1 万手。由于涨跌停板的限制，申报价格必须在涨跌价格的范围内方可申报，如果超过涨跌停板的，申报是无效的（当然无价格涨跌停限制的股票除外）。

3. 集合竞价的撤单规定

股民们在申报价格时要注意，在沪深两个市场集合竞价阶段（9:25~9:30）是不可以撤单的，深市交易所规定在 14:25~15:00 也是不可以撤单的。而在其他交易时间是可以撤单的。在确定开盘价格时不能够成交的申报，将自动进入开盘时的连续竞价阶段。

二、连续竞价

连续竞价是电脑针对每一笔股民输入的委托，按照以下三种原则确定成交价格：

（1）如果最高买入申报价=最低卖出申报价，则这个价格就是确定的成交价格。

（2）如果买入申报价>最低卖出申报价，则最低卖出申报价=成交价格。

（3）如果卖出申报价<最高买入申报价，则最高买入申报价=成交价格。

三、开盘价和成交价的确定

开盘价是按照集合竞价的方法确定的，在以下三个条件中，只要有两个满足，那么这个价格就是集合竞价产生的开盘价格。①成交量最大的价位；②高于成交价格的买进申报与低于成交价格的卖出申报全部成交；③与成交价格相同的买方或卖方至少有一方全部成交。

开盘后成交价格的确定，是按照连续竞价的方式确定的。连续竞价确定成交价的方法如下：

（1）如果最高买入申报价＝最低卖出申报价，那么这个价格就是确定的成交价格。

（2）如果买入申报价＞最低卖出申报价，则最低卖出申报价＝成交价格。

（3）如果卖出申报价＜最高买入申报价，则最高买入申报价＝成交价格。

四、集合竞价与连续竞价实例分析

首先分析一下集合竞价的实例。假设万科 A 在 2010 年 4 月 15 日的开盘申报中，分别有 5 笔买入和 5 笔卖出委托，按照价格优先原则，把买入价格由高到低排序，把卖出价格由低到高排序，如表 3-1 所示。

表 3-1　成交前委托情况

序号	委托买入价格（元/股）	手数	序号	委托卖出价格（元/股）	手数
1	9.50	4	a	9.15	2
2	9.38	5	b	9.27	1
3	9.26	3	c	9.29	1
4	9.22	7	d	9.34	8
5	9.20	2	e	9.36	3

在不高于买入价和不低于卖出价的原则下，买入价格 9.50 元/股和卖出价格 9.15 元/股首先成交第一笔，若要符合买卖双方意愿的话，成交价格应该在 9.15 元/股~9.50 元/股，成交数量为 2 手。具体什么价位成交，要等到其他申报成交以后才可以知道。则第一轮成交结束后的申报情况如表 3-2 所示。

在第一轮成交中，序号 1 的委托买入数量比序号 a 的委托卖出数量多了 2 手，所以从图 3-2 中看出，序号 1 还剩下 2 手 9.50 元/股的委托没有成交。

第二轮成交中，序号 1 的委托买入价格不高于 9.50 元/股，数量为 2 手，而序号 b、c 正好为 2 手，价格符合成交要求，因此可以成交。成交价格范

表 3-2　第一轮成交后委托情况

序号	委托买入价格（元/股）	手数	序号	委托卖出价格（元/股）	手数
1	9.50	2	a	9.15	0
2	9.38	5	b	9.27	1
3	9.26	3	c	9.29	1
4	9.22	7	d	9.34	8
5	9.20	2	e	9.36	3

围在 9.50 元/股~9.29 元/股。股民可以看到的是，第二笔成交范围在第一笔成交范围之内。

在第二轮成交之后，委托情况如表 3-3 所示。

表 3-3　第二轮成交后委托情况

序号	委托买入价格（元/股）	手数	序号	委托卖出价格（元/股）	手数
1	9.50	0	a	9.15	0
2	9.38	5	b	9.27	0
3	9.26	3	c	9.29	0
4	9.22	7	d	9.34	8
5	9.20	2	e	9.36	3

第三轮的成交中，序号 2 的委托买入价不高于 9.38 元/股，序号 d 的委托卖出价格符合要求，可以成交。成交价格在 9.34 元/股~9.38 元/股，成交数量为 5 手。

第三轮成交之后，委托情况如表 3-4 所示。

表 3-4　第三轮成交后委托情况

序号	委托买入价格（元/股）	手数	序号	委托卖出价格（元/股）	手数
1	9.50	0	a	9.15	0
2	9.38	0	b	9.27	0
3	9.26	3	c	9.29	0
4	9.22	7	d	9.34	3
5	9.20	2	e	9.36	3

以上三轮成交后，没有重叠的价格区间，集合竞价就算结束了。第三轮的成交价格在三轮成交价格的范围之内，就是集合竞价的开盘价。没有成交的委托将在开盘后的连续竞价中成交。

在以上的集合竞价过程中，通过三次配对，使得成交价格范围逐渐缩小，成交量变大，直到确定具体成交价格为止，并且得到最大的成交手数。在最后的一轮成交当中，若买入价格 ≠ 卖出价，则成交价格=1/2（买入价+卖出价）。

成交结论如下：总成交量为：9 手，成交价格为：9.36 元/股。

行情软件上显示的万科 A 在 2010 年 4 月 15 日的开盘价格为 9.36 元/股，成交量为 9 手。

同样是上面的例子，集合竞价确定了开盘价格为 9.36 元/手时，在开盘后连续竞价当中如果股民 q 委托买入价格为 9.37 元/股，股民 w 委托卖出价格也为 9.37 元/股，那么连续竞价的成交价格就是 9.37 元/股。假如，挂在行情上的最高买入价格是 9.39 元/股，最低卖出价格是 9.20 元/股，这时有一个股民愿意以 9.45 元/股的价格买入，而另外一个股民愿意出 9.30 元/股卖出。那么这两个委托的股民，根据价格优先原则就会让他们先成交。

第二节 清算交割和过户

一、清算交割的两种情况

清算交割包含两种情况：其一，股民和券商之间的清算交割。即买股票的支付费用而获得股票，卖股票的卖出股票而取得现金。其二，券商和交易所之间的清算交割。券商一般都必须在交易所所属的清算公司开立清算账户，以便集中进行清算交割。股民已经在券商那里开设了证券账户和资金账户，所以没必要亲自出面进行清算交割，只需要用电脑就可以自动完成了。

二、交割日期

关于证券交割日期，一般有以下几种：

（1）当日交割：买卖双方在交易完成的当天就办理完交割手续。这种交割方式适用于卖方急需现金或买方急需股票的情况。这种交割方式也叫 T+0 交割。

（2）次日交割：买卖双方成交后，在下一个营业日正午前办理完成交割事宜。遇到法定节假日则顺延一天。这种交割方式也叫 T+1 交割。

（3）第二日交割：从买卖双方成交的次日算起，在第二个营业日正午前办理完交割手续。逢节假日，则顺延一天。

（4）例行交割：从成交日开始算起，第五个营业日内办理完成交割手续。这是标准的交割方式。如果买卖双方没有说明交割方式，一般可视为采用例行交割方式。

除了以上四种交割方式，还有例行递延交割、卖方选择交割。目前，我国沪深两市的交割方式是 T+1 交割方式，即次日交割。

三、过户

股民买进记名股票后，要到股票发行公司办理股东名册变更手续。当交易完成时，股东在股票背书栏内签章，从而证明该股票是转让过户的股票。购买者应在卖出者转让背书后，持身份证、印鉴、成交单以及其他转让证明，向发行公司或者代理机构提出过户申请，并填写"过户申请书"，经审核无误后方可注销原来持有人的户头，为新股东重新开户。过户完成后，新股东即享有股东应有的权利。这样就完成了记名股票的交易过程。

现在的股票交易是通过电脑完成的，根本不需要再单独办理过户手续。

第三节 B股买卖

一、买卖B股流程

买卖B股的流程如图3-1所示。

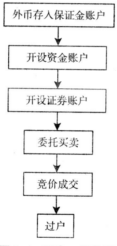

图3-1 买卖B股流程

二、开设B股保证金账户流程

只要经过证监会批准经营B股业务和外汇管理局批准经营外汇业务的证券公司和信托投资公司，都可以办理B股业务。境内投资者可以在批准经营B股业务的券商和信托投资公司进行B股交易。以下是B股开户流程：

首先，股民需要携带身份证到其原外汇存款银行将其现汇存款和外币现钞存款划入券商所在的同一城市、同一银行的B股保证金账户。

这时候，境内商业银行将向境内个人投资者出具进账凭证单，同时向相关券商出具对账单。

其次，股民携带本人有效身份证明以及本人进账凭证单到证券经营机构开立 B 股资金账户，开立 B 股资金账户的最低金额为等值 1000 美元。

需要注意的是，境外股民进行 B 股投资只能用现汇，而不能用现钞。而且外币信用卡也是被当做现钞管理的。因此，股民如果想用外币信用卡上的资金买卖 B 股，需先划转成现汇存款才可以买卖 B 股。

备注：

外币现钞存款是指境内居民个人持有的外币现钞存入境内商业银行的存款。

现汇存款是指境外汇入外币或携入的外币票据转存境内商业银行的行为。

三、开设 B 股证券账户流程

开户费用：个人开户 120 港元/户，机构开户 580 港元/户。

表 3-5　开设深市 B 股账户所需材料

股民类型	所需材料	备注
境内个人投资者	身份证及复印件，1000 美元（或 7800 港元）及以上的外汇资金进账凭证及复印件。	境内投资者只能本人办理，境内法人不得办理 B 股开户。
境外个人投资者	境外居民身份证或护照，其他有效身份证件及其复印件。	境外投资者可以委托他人办理开户，每个投资者只限开立一个账户。
境外机构投资者	商业注册登记证、授权委托书、董事身份证明书及复印件，经办人身份证件及复印件。	

开设沪市 B 股账户，投资者要有 1000 美元以上的银行进账凭证，其他要求和深市一样。境内居民开立沪市 B 股账户，手续费收取标准为 15 美元/户。

深市 B 股账户和沪市 B 股账户的区别是：前者可以在多家营业部开户并可同时交易，而上海 B 股账户不需办理指定交易，然而只能在指定的一家证券营业部使用，转换证券交易营业部时，需要办理相关手续。

四、非居民开立 B 股账户方法

这里所说的"非居民"是指中国香港、中国澳门、中国台湾居民，外国公民以及取得外国永久居留权的人。

1. 非居民办理开户时也要携带身份证明，身份证明可以是以下几种

（1）外国公民身份证或护照。

（2）中国香港、中国澳门特区身份证。

（3）中国台湾同胞台胞身份证。

（4）取得外国绿卡的中国公民的护照和绿卡（开户需填护照号码）。

2. 非居民开立 B 股账户流程

（1）办理汇款手续，要求在汇款单的备注栏内注明"新开户"字样和股东姓名。

（2）自汇款当日起 5 个工作日，凭银行汇出汇单传真件或者复印件到相关券商那里查询资金是否到账。

（3）确认资金到账后，办理开户手续。

（4）领取资金卡和 B 股账户卡（T+3 日后）。

五、修改 B 股开户资料和办理 B 股销户手续

股民的 B 股账户资料主要包括姓名、身份证明文件号码、商业注册登记证、住所等。

1. 修改开户资料的流程

（1）股民出示股东身份证、股东代码卡、证券账户注册资料。

（2）若是代理人代为修改，还须出示代理人的身份证明以及授权委托书（须公证证明）。

（3）以上材料确认无误后，就可修改账户资料了。

2. 股民办理 B 股销户手续的流程

（1）股民须出示股东身份证明、股东代码卡以及账户注销申请表。

（2）券商工作人员确认批复。

（3）将股民的资金和股份全部结清，然后办理销户手续。

（4）股民取回身份证明和股东代码卡，完成销户手续。

六、B 股基本交易规则

表 3-6　B 股基本交易规则

种类＼分类	深市 B 股	沪市 B 股
交易时间	周一到周五，上午 9：30~11：30；下午 13：00~15：00。	
交易原则	价格优先：高价买入申报先于低价买入申报成交。	
	时间优先：买卖价格、方向相同，先申报的先于后申报的成交。	
最小变动价位	0.01 港元	0.001 美元
交易单位	100 股	1000 股
交易方式	集中交易：通过交易所集中市场交易系统达成的交易。	
	对敲交易：券商在开市后至闭市前 5 分钟将其接受的同一种 B 股买入委托和卖出委托配对后输入，经交易所的对敲交易系统确认后达成的交易。	
涨跌幅限制	10%（其中 ST 股票价格涨跌幅比例为 5%）	
申报限制	在价格涨跌幅限制内的申报有效，超过涨跌幅限制的申报无效。	
上市首日申报限制	B 股上市首日集合竞价范围是：发行价的上下 150 元。连续竞价的有效范围：最近成交价的上下 15 元。	无限制
竞价时间	集合竞价：上午 9：15~9：25。连续竞价：上午 9：30~11：30；下午 13：00~15：00。	
开盘价	当天股票第一笔成交价格；B 股的开盘价通过集合竞价方式产生，不能产生开盘价的，以连续竞价方式产生。	
收盘价	当天股票最后一笔交易前一分钟所有交易的成交量加权平均价（含最后一笔交易），当天没有成交的，以前天收盘价为当天收盘价。	
T+1 交易	实行 T+1 交易。	
T+3 交收	B 股的交收期是 T+3 日，即在成交日后的第三天完成。交收前，股民不能提取卖出股票款和进行买入股票的转托管。	
交易费用	佣金：成交金额的 0.43%；印花税：成交金额的 0.1%。	

备注：

境内股民在上证所进行股票交易，必须办理指定交易。股民在开设 B 股账户的时候，申请的账户就被指定在开户会员处。当账户在 T+1 日生效后，B 股制定交易可以撤销和重新指定。股民在撤销和重新指定的申请传递给会员后，会员将申请传送到登记公司，由登记公司将审核后的结果通知会员。这样就完成了撤销和重新指定的申请。

沪市 B 股交易中，零股交易（不足一交易单位的委托买卖）就是不足 1000 股的委托买卖。可以买入零股申报，但是不可以卖出零股申报。

境内居民和个人只能在境内会员处指定和交易，不得在境外 B 股证券经营机构办理指定交易。

沪市 B 股委托代理券商方式为当面委托和电话委托。股民或者指定代理人到券商 B 股交易柜台，亲自填写"委托单"，就是当面委托。这种委托方式在境内投资者（或者有代理人的投资者）中使用比较多。股民本人或者代理人通过电话、传真、电传等向券商下达委托指令，称为电话委托。一般来说，B 股投资者大多居住在海外，他们较多地采用电话、传真等委托方式向境内券商下达交易指令，完成交易。当然代理人也是多数采用这种委托方式。

对敲交易范围是不同交易者之间在同一券商处的股份托管。对敲交易数量限制在每笔 5 万股以上。对敲交易申报内容包括：证券代码、买卖方股东代码、买卖方合同序号、对敲数量、对敲价格。投资者需要注意的是，对敲交易经过对敲交易系统接收后是不可以撤销的。对敲交易的价格幅度取值办法：

设前一交易日价格为 W，当日最高价为 G，最低价格为 D；

若 W+0.20>G，则对敲价格的最高价为 W+0.20，否则为 G；

若 W-0.20<D，则对敲价格的最低价为 W-0.20，否则为 D。

例如：某只股票前一交易日的收盘价为 HK\$6.13 加上 0.20 为 HK\$6.33，当天最高价是 HK\$5.99，则当天对敲交易价格上限为 HK\$6.33；减去 0.20 为 HK\$5.93，当天最低价是 HK\$5.89，则价格下限为 HK\$5.89。

七、境内外 B 股投资者在交易上的差异

1. 开立账户所需材料不同

境内居民必须提交有效身份证件、1000 美元以上的银行进账凭证，然后到券商那里办理开户手续。

而境外（非居民）投资者仅需提供个人有效证件（护照、身份证或者中国护照和永久居住证明）就可办理开户。未取得境外永久居留权的，视同境内居民办理。

2. 不同的保证金存取方式

存入：境内股民存入的是银行转出的现汇或者现钞存款；而境外（非居民）存入的是境外汇入的外币现汇或者境内商业银行的合法现汇存款。

支取：境内股民需先将保证金账户中的资金转到境内商业银行，再到银行提取，而且转回银行的资金（视同外币现钞）不得向境外支付；境外（非居民）则可汇出境外支付，或者存入内地外汇账户。

3. 境内沪市股民需要指定交易

境内股民在取得沪市 B 股交易账户后，交易的券商也就一起指定了。股民只能在指定的券商那里进行交易、清算和交割。如果变更指定，需要先撤销指定，然后去其他券商那里重新办理指定交易。

4. 境外股民买卖沪市 B 股"不分地点，随处买卖"

也就是说，同一个账户在任何券商那买入的 B 股，都可以在任何一个券商那里卖出。但是其查询、挂失、冻结以及领取现金红利等仍然在指定券商处办理。

第四章　看盘必读

第一节　看盘锦囊

新入市的股民要想炒股，先得学会看盘。盘子就是大盘、个股分时走势图、K线走势图。会看盘就是炒股决胜的第一招，也是很致命的一招。

看盘就是看不同时间内股票价格走势之间的关系，看成交量的变化情况，看成交量和股票价格之间的涨跌关系，还有就是看股票成交的活跃程度、股民买卖股票的心理变化等。

但是成交量和股票价格变化都是数字的增大减小，很难分辨出不同时段之间的数量变化关系。而股票成交的活跃程度和股民心态也是很难用肉眼看出来的。为了直观地显示量价关系，以及股民购买股票的心理变化，就产生了股票价格分时走势图、K线图，以及随之而来的各种指标工具（如委比、量比、换手率、RSI指标、MACD指标、Bollinger bands指标等）。

一、分时图

分时图：个股或者大盘的（即时）分时走势图。在实际操作中，特别是对日内交易者，分时走势图是非常重要的。

（1）内盘：以买入价成交的交易，买入总量计入内盘。

（2）外盘：以卖出价成交的交易，卖出总量计入外盘。

如果外盘数量大于内盘数量，则买方力量较强，如果内盘数量大于外盘，则卖方力量较强。股民通过比较内外盘大小，可以判断出主动性的买入多还是主动性的卖出多，进而可以发现庄家的动向。

（3）委比：衡量某一时段买卖盘相对强弱程度的指标。委比的取值范围是-100%~+100%。

计算公式为：委比=（委买手数-委卖手数)/(委买手数+委卖手数)×100%

委买手数：现在所有个股委托买入下五档的总数量。

委卖手数：现在所有个股委托卖出上五档的总数量。

委比在（-100%，0）之间说明抛售股票的人比较多，抛盘压力很大，当数值到达-100%（跌停的股票委比通常可达-100%）时，买盘消失，市场上的人都在卖出股票，后市看跌。

委比在（0，+100%）之间说明买盘比较活跃，后市看涨。当委比到达+100%（涨停的股票委比通常可达+100%）时，卖盘消失，市场上的人都在买股票，后市看涨。

（4）量比：衡量成交量相对强弱的指标，指的是股市开盘后每分钟的成交量与过去5（或者10日、15日、20日等）个交易日每分钟成交量的比值。

计算公式为：量比=当前每分钟成交总手数/(过去5个交易日平均每分钟成交量×当天累计开市时间)

量比的大小直接反映了股票交易相对于前几个交易日的活跃状况，量比大说明成交活跃，量比小说明成交低迷。但不同的个股量比变化是不一样的，量比大小对应的股票活跃程度如下：

量比在1倍附近，成交量是比较正常的。

量比在2倍附近时则处于温和放量状态，股价如果配合上涨，则涨势比较健康，可以继续持股；若股价下跌，则下跌还将会持续，可以考虑减仓停损。

量比在3~5倍，则放量非常明显，若股价突破下跌或者上涨的话，那突破的真实性将是很高的。

量比在 5~10 倍，说明放量尤其剧烈，如果股价在低位出现巨量上涨，则后市在很大概率上会出现一只大牛股。

量比在 10 倍以上或者更大的话，股民应该小心谨慎。若出现在涨势当中，说明股价将很快或者已经见顶，下跌将很快到来。如果在股价长时间下跌的时候，突然出现巨大量比，则说明下跌能量几乎已经全部释放，或许股价不久将上涨。

（5）换手率：是指在一定时间内股票换手买卖的频率。换手率是一种可以准确反映流动性强弱的指标。

计算公式为：换手率 = 一段时间内的成交量/公司可流通总股数×100%

一般来说，大概 70% 的股票的换手率在 4% 以下，多数股票换手率不会超过 20%。

当股票换手率在 4%~7% 时，股票交易比较活跃。

当股票换手率在 7%~10% 时，股票交易相当活跃，股民关注程度相当高。

当股票换手率在 10%~20% 时，如果在股价低价时出现，再配合高成交量的话，说明庄家在大举买入股票，后市很可能大涨；如果在高价出现，要小心庄家在拉高股价出货，后市很可能会狂跌不止，这时候卖出股票观望为好。

当然成交量高低还要看是不是新股，通常新股上市的前几天换手率都是相当高的，这是很正常的现象。高换手率的新股不一定预示着股价在后市一定大涨。

（6）现量：现在这一笔的成交量，但并不是只有这么多的成交量。

计算公式为：现量 = 现手 × 100（1 手 = 100 股）

如果没有大的成交量在幕后交易的话，就可以认为现量就是现在的总交易量。但是通常很大的成交量都是在幕后交易，股民并不能看到，所以不用特别注意现量显示的成交量。

（7）市盈率：股票价格与每股收益的比值。也就是说，市盈率就是股民愿意付几倍于当前公司收益的价格来认购股票。

股民可以用这个指标来简单地衡量股票的价格是否被高估或者低估。一般认为市盈率在十几倍或者二十几倍是比较合理的。过高的市盈率说明股价可能存在泡沫，较低的市盈率具有高的投资价值。当然这里所说的市盈率是参考过去的收入情况计算得出的，随着公司经营状况的变化，公司每股收益、股票价格也会不断变化，市盈率也会随之改变。

（8）最高价：股市从开盘到收盘，股票达到的最高价格。

（9）最低价：股市从开盘到收盘，股票达到的最低价格。

（10）振幅：股票价格变化的幅度。股票价格受到涨跌停幅比例的限制，振幅也在-10%~+10%变动。A股涨跌停比例是±10%，超过这一涨跌停幅度的委买或委卖都是无效的。

（11）均价：当前时刻买卖股票的平均价格。

计算公式为：均价 =（成交量 × 成交价）/成交股数

二、K 线图

K线图其实并不深奥，早在日本德川幕府时代（17~18世纪），日本米市商人就用它来记录米市的各种价格波动情况。K线包含的信息量大、可以完整反映价格变化过程等，因而被引入到股市及期货市场，作为表现价格波动趋势的重要手段。经过前人不断地实践摸索，形成了一套独特的K线理论。

K线因为其形状特征，也有人将其称做蜡烛图。K线由影线和实体组成，中间的矩形是实体（通常用红、绿两色标出），实体以上为上影线，以下为下影线。具体作图方法如下所示：

（1）如果收盘价高于开盘价时，则用红线标出，称为阳线。它的特点就是"低开高收"，代表看多的股民占优势，实体越长优势就越大。图4-1为阳线以及对应的分时走势。

（2）如果收盘价低于开盘价时，则用绿线画出来，称为阴线。它的特点就是"高开低收"，代表看空的股民占优势，实体越长优势就越大。图4-2为阴线以及对应的分时走势。

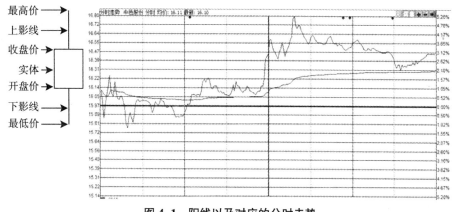

图4-1 阳线以及对应的分时走势

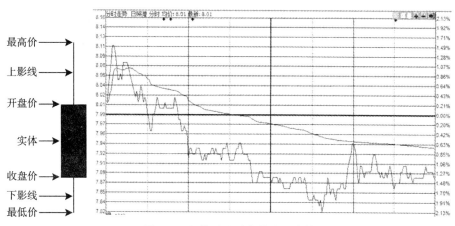

图4-2 阴线以及对应的分时走势

（3）如果收盘价等于开盘价，叫做平盘线。收盘价高于昨日收盘价的，用红色平盘线表示；如果收盘价低于昨日收盘价的，用绿色平盘线表示；如果收盘价等于昨日收盘价，则颜色与昨日 K 线颜色相同。图4-3 为平盘线以及对应的分时走势。

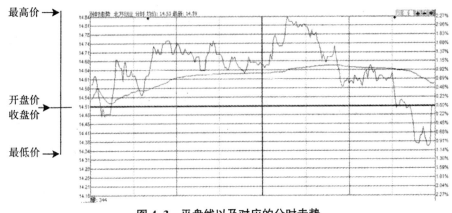

图 4-3 平盘线以及对应的分时走势

第二节 学会看大盘 K 线及分时图

一般情况下，多数个股的涨跌同大盘的走势基本一致。因此，在研究个股时，学会看大盘的 K 线及分时图就显得比较重要了。

图 4-4 为大盘 K 线走势图。

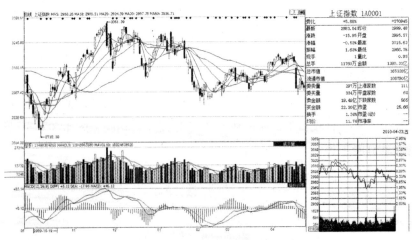

图 4-4 大盘 K 线走势

　　K 线图根据不同的时间可以分为 1 分钟、5 分钟、60 分钟、日线、周线、月线、季线等。一般我们所说的而且也是最常用的是日 K 线图和周 K 线图，当然也有 60 分钟图。图 4-4 所示为大盘的日 K 线图。从图上可以看到 K 线的走势变化，K 线图上有很多条穿插的不同颜色的线，称为均线。

　　均线就是股票价格移动平均线。如 10 日均线计算方法是：将当天股票的收盘价格加上前 9 天收盘价格再除以 10 得到算术平均值，然后再将每天按照这种方法计算得出的平均值连成平滑的曲线，这条曲线就是 10 日均线。其他时间段的均线也是按照这种方法计算的。

　　在 K 线图的下方对应的是成交量的柱状变化图，柱状图里边穿插着各种颜色的曲线是成交量的均线，计算方法同股价均线的算法。

　　图 4-5 为大盘分时走势图。

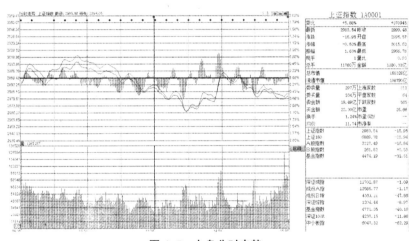

图 4-5　大盘分时走势

　　大盘分时走势图显示了股价的实时变化情况、成交量的变化情况。右侧的信息栏显示了股票市场整体涨跌幅度、委卖量、委买量、卖金额、买金额、换手率、均价、上涨家数、下跌家数等。

　　分时走势图中有两条线：一条是白色线，表示加权大盘指数；另一条是黄色线，不考虑上市股票发行数量的多少，将所有股票对上证指数的影响等同对待的大盘指数。通过分析白色线和黄色线的相对位置可以得出以下结论：

（1）若指数上涨，黄色线在白色线之上，表示小盘股的涨幅比较大；若白色线在黄色线之上，则表示大盘股的涨幅比较大。

（2）若指数下跌，黄色线在白色线之上，表示大盘股的跌幅比较大；若白色线在黄色线之上，则表示小盘股的跌幅比较大。

在分时图前一天收盘线的上下两侧标有红柱和绿柱，分别表示大盘整体买盘和卖盘的大小。红柱增大，则买盘超过卖盘越多，指数将继续上涨；绿柱增大，则卖盘超过买盘越多，指数将继续下跌。分时图的下方是黄色的柱状图，每一根柱子表示当时那一分钟的成交量大小，成交量的单位是手。

第三节　学会看个股 K 线及分时图

一、单根 K 线形态分析

1. 大阳线（见图 4-6）

图 4-6　大阳线

大阳线就是低开高走出现的收盘 K 线，它的特点就是开盘价格较低，收盘有力度，强势收在了最高价位，证明多方占据了很大的优势。判断后市能否上涨，有以下几种情况：

如果股价在长期盘整的底部，或者说是在下跌途中，出现大阳线的话，应该谨慎介入。因为这时的涨停可能是庄家在底部的试盘行为，或者说是下跌途中的报复性反弹，第二天以后可能又会下跌到原来的价位。

如果股价在相对低价区放量出现大阳线，突破多条均线，并且有大成交量的配合，换手率也相对较高的话，应该大胆买入。如图 4-7 所示，苏泊尔（002032）在 2010 年 2 月 25 日、3 月 22 日和 4 月 9 日拉出了大阳线，后市股价越涨越快，涨到 25.45 元/股时已经形成了一个圆弧形状的大反转，从 17.79 元/股轻松涨到 25.45 元/股，涨幅高达 43%，也算是个小牛股了。

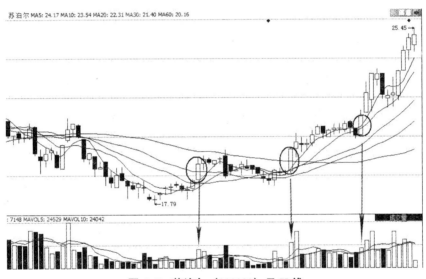

图 4-7　苏泊尔（002032）日 K 线

2. 带上影线的光头阳线（见图 4-8）

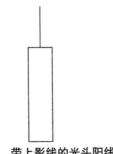

图 4-8　带上影线的光头阳线

　　在上涨过程中，多方受到空方有力的回击，到最后还是多方占优势，收出有上影线的阳线。若实体较长的话，多方应该还是可以控制局面，后市看涨；若影线很长、实体很小，说明空方很强大，卖出股票观望为好。如图4-9所示，包钢股份（600010）2010年3月23日和4月7日相隔不到10天里出现了两个上影线很长的阳线，之后股价狂跌不止，如果在第1个或者第2个这样的阳线处及时平仓出局，就逃过了这一大劫。

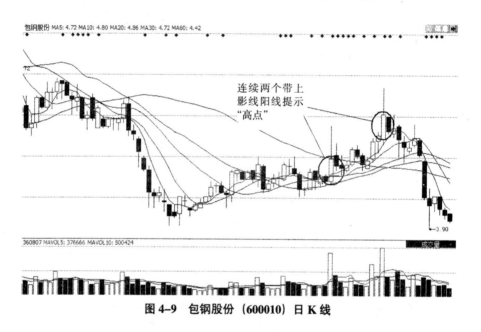

图4-9　包钢股份（600010）日K线

3. 带下影线的光头阳线（见图4-10）

图4-10　带下影线的光头阳线

　　带下影线的阳线同带上影线的阳线正好相反，是多方经过努力后最终战胜空方，并且有了客观的涨幅。一般出现在股价底部或者上涨途中，并且出现的时候多数都预示着股价将延续上涨趋势。如图 4-11 所示，ST 金花（600080）在 2009 年 11 月初上涨过程中连续出现带下影线的阳线，之后的每一天都在上涨。说明在强势股的上涨过程中，空方不断地被多方强大的攻势战胜，屡次收出下影线，涨升的信号相当明显。

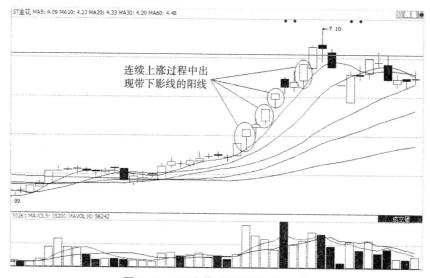

图 4-11　ST 金花（600080）日 K 线

4. 大阴线（见图 4-12）

　　空方力量非常强大，从开盘就开始下跌，一直到收盘时形成一个很长实体的大阴线，后市看跌。

图 4-12　大阴线

如图 4-13 所示，上海汽车（600104）在 2010 年 1~4 月，连续出现大阴线吞噬前边多条 K 线，每次都是股价破位下跌。股民见到这种情况应该果断出手，平仓了结头寸，以免更大的亏损。

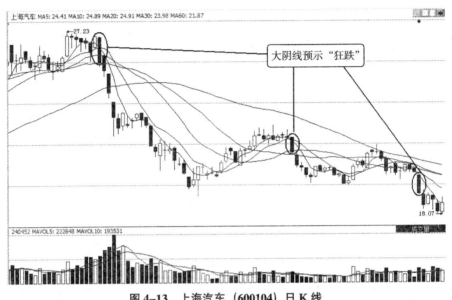

图 4-13　上海汽车（600104）日 K 线

5. 带上影线的光头阴线（见图 4-14）

当天股价经过多方的奋力抵抗后，最终收盘时以阴线报收，并且收在了股价的最低点。K 线当中出现这种形态都有破位下跌的意义，特别是经过大涨的股票，顶部出现这种形态更值得警惕。

图 4-14　带上影线的光头阴线

如图 4-15 所示，三峡水利（600116）在 2009 年 11 月 20 日、2010 年 1 月 20 日和 4 月 6 日三次出现带上影线的大阴线，而且都是出现在顶部，之后股价一路下跌到均线附近，才算支撑住。出现这种 K 线形态的股票时，短线投资者宜卖出股票，观望一下再做决定为好。

图4-15　三峡水利（600116）日K线

6. 带下影线的光头阴线（见图 4-16）

阴线下边的下影线是多方奋力挣扎的结果。尤其在下跌途中，多方力量大小决定了影线的长短：多方如果足够强大的话，股价会从当天的最低价往上推进，一直到收盘时形成一个像"小蝌蚪"形状的阴线。多方力量越强大"蝌蚪"尾巴越长，反之越短。

图4-16　带下影线的光头阴线

如图 4-17 所示，赤天化（600227）在 2010 年 1 月 19 日开始下跌，途中出现很多"小蝌蚪"，但都不能支撑股价上涨，最后底部一个长尾巴的"蝌蚪"支撑股价最终上行。

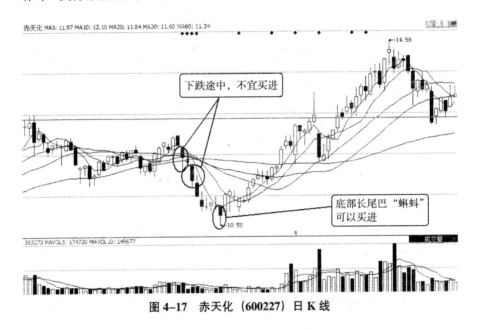

图 4-17　赤天化（600227）日 K 线

7. 平盘线（见图 4-18）

多空双方势均力敌，经过一番涨跌后，最终回到开盘价位，收盘 K 线像个十字星。这种 K 线形态在顶部和底部出现，多为反转信号，在上涨或者下跌的途中多为趋势延续的意思。

图 4-18　平盘线

如图 4-19 所示，济南钢铁（600022）在上涨到顶部时，出现明显十字星，预示趋势即将反转，第二天股价一路狂跌下来。

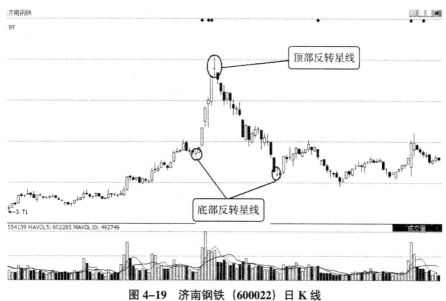

图 4-19 济南钢铁（600022）日 K 线

二、两根 K 线形态分析

1. 双连阳和双连阴（见图 4-20）

不管是双连阳还是双连阴，都表示趋势的延续。双连阳当中的第二根阳线如果足够长，股价创出新高，或者说向上跳空收阳线，都可以说明多方力量强大，上涨将能够延续；反之则表示趋势或将反转。

图 4-20 双连阳和双连阴

如图 4-21 所示，新农开发（600359）在 2009 年 10 月 13 日、14 日收盘连续两个大阳线，并且第二根阳线以跳空开盘，随后的股价就是一番大涨，从 9.26 元/股上涨到 25.90 元/股，涨幅高达 280%，是一只实实在在的大牛股。

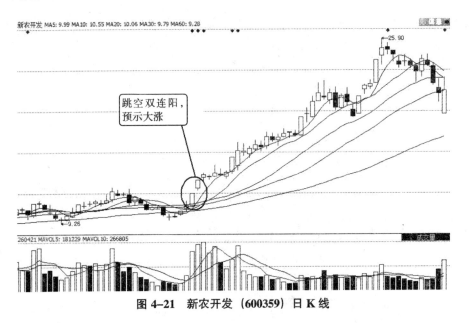

新农开发 MA5: 9.99 MA10: 10.55 MA20: 10.06 MA30: 9.79 MA60: 9.28

跳空双连阳，预示大涨

25.90

9.26

260421 MAVOL5: 181229 MAVOL10: 266805

图 4-21 新农开发（600359）日 K 线

如图 4-22 所示，上海汽车（600104）在 2010 年 1~4 月，出现四次双连阴形态，自此难以想象的狂跌就开始了。如果股民在出现双连阴后没有，立即卖出股票，那么损失将会是惨重的！

2. 表示趋势反转的乌云盖顶（见图 4-23）

乌云盖顶是一种典型的顶部反转信号。第一天收盘时一根长阳线，第二天是以跳空开盘的，但是整天的走势都是向下的，最终收盘时跌破第一天的收盘价格，形成一种阴线深入到阳线内部的形态。结果就像阳线戴了个大黑帽子，完全被罩在里边了。这种形态一般出现在股价的顶部，多方力量耗尽，空方将主导股价。

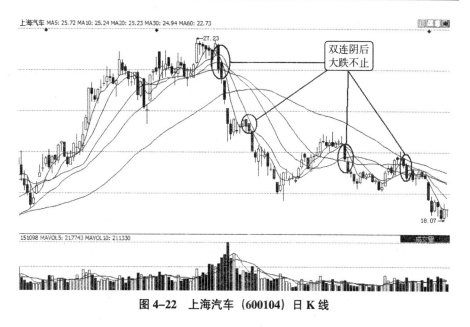

图 4-22　上海汽车（600104）日 K 线

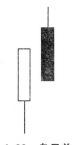

图 4-23　乌云盖顶

　　如图 4-24 所示，中路股份（600818）在 2009 年 11 月 3 日收盘一根大阴线，形成乌云盖顶形态。当天成交金额 47968 万元，换手率为 11.13%，都创新高，之后股价从 26.15 元/股一路下挫至 14.81 元/股，跌幅达 43.3%。可见，乌云盖顶形态在判断趋势反转时，如果有成交量和换手率配合的话，是很有效的。

图 4-24　中路股份（600818）日 K 线

3. 包入线和怀抱线（见图 4-25）

包入线是一种吞没 K 线组合，分为阳线吞没（阳线完全包住阴线）和阴线吞没（阴线完全包住阳线）。如果这两种形态分别出现在股价低位和高位，那么反转的可能性是相当大的。

图 4-25　包入线和怀抱线

如图 4-26 所示，康缘药业（600557）在 2010 年 1 月 12 日出现阳包阴形态后股价一路飘红，连续上涨 7 天之久。

怀抱线与包入线的包入范围是相反的，是第一天的阳线或者阴线包住第二天的 K 线（小阴线或小阳线），同样也具有反转的可能。

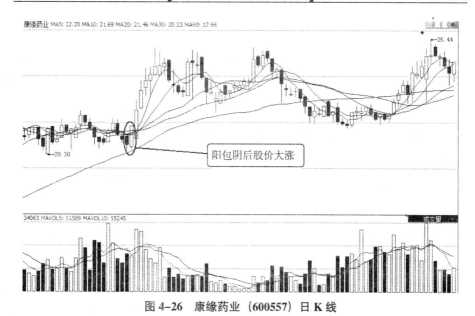

图 4-26 康缘药业（600557）日 K 线

4.回转线（见图 4-27）

回转线的当天开盘价格在昨天的实体当中，当天走势与昨天相反，反转可能性很大。

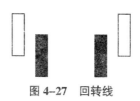

图 4-27 回转线

如图 4-28 所示，包钢股份（600010）股价顶部出现回转线后，一直从 5.32 元/股跌到 3.80 元/股，跌幅达 28.1%。

5. 相逢线和分手线（见图 4-29）

回转线当中第二天 K 线上移或者下移就分别得到相逢线和分手线。这几种 K 线组合一般都表示趋势将转向，但是反转的强烈程度不同：分手线反转程度最强，相逢线程度最弱。

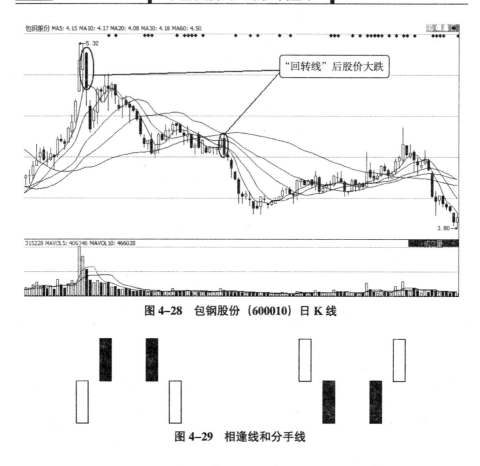

图 4-28　包钢股份（600010）日 K 线

图 4-29　相逢线和分手线

6. 星线（见图 4-30）

　　星线多出现在股价的相对高位或者相对低点的时候，通常出现星线后，股价都会有向着反方向反转的趋势。一般股价在上涨到高位后，多方力量会逐渐地消失，星线的出现正好说明了这一现象。星线出现的当天，股价小幅冲高后回落，当天股价以微跌收盘，正说明了空方的力量逐渐主导了股价的

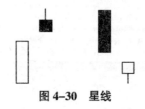

图 4-30　星线

走势，后市看跌。

如图 4-31 所示，大秦铁路（601006）在股价见顶后，下跌途中曾经有过小的反弹，但是反弹的幅度并不大，反弹高位出现星线之后，股价一路下跌。说明星线在相对高位出现时，反转的可能性还是很大的。

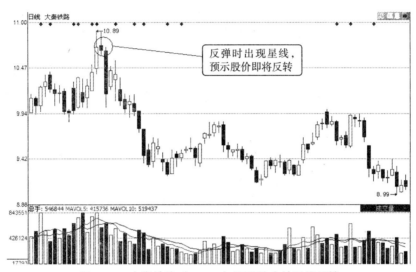

图 4-31　大秦铁路（601006）下跌途中的星线反转

三、多根 K 线形态分析

1. 白三兵（见图 4-32）

白三兵的特征是：连续三根收盘上涨的小阳线，开盘价格在第一天阳线实体的中点之上，收盘价格创新高。白三兵多出现在股底部或者上涨初期，意味着多方展开猛烈攻势，连续发力上涨，这时候股民可以大胆追高待涨。尤其是股价开盘在高处，而后继续上行创新高的形态中，伴随着成交量放大，更可以大胆介入。

图 4-32　白三兵

如图 4-33 所示，国际实业（000159）2010 年 2 月 3 日连续 3 天上涨，形成白三兵形态，并且伴随着成交量的连续放大。最后股价从 14.38 元/股上涨到 29.90 元/股。

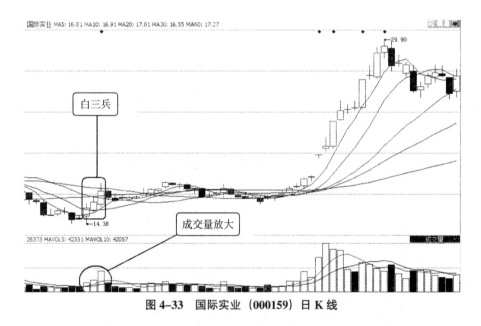

图 4-33　国际实业（000159）日 K 线

白三兵确认时要注意：出现在下降趋势之后或者上涨初期才有意义，下跌时第一次出现白三兵可能是庄家设置的陷阱，白三兵要伴随着成交量不断地放大才比较可靠。

2. 强弩之末（见图 4-34）

当白三兵出现在股价的高位时，涨势不能够延续，第三根阳线虽然收盘上涨，但是涨幅很小，K 线实体相比前两天要小得多。俗话说"强弩之末，

图 4-34　强弩之末

势不能穿鲁缟”，涨势殆尽之后的小阴线意味着股价可能会反转。

强弩之末反转后股价一般都会形成一个弧形，这样的形态意味着下跌的幅度将会很大。

如图 4-35 所示，华测检测（300012）2009 年 12 月 7 日，从 37.34 元/股的低点开始上涨，在 12 月 9 日涨到 56.75 元/股的高位，并且形成强弩之末，之后连续下跌到最低 35.90 元/股。

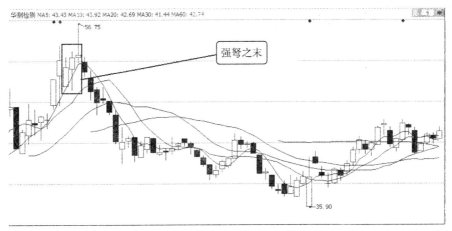

图 4-35　华测检测（300012）日 K 线

3. 黑三兵（见图 4-36）

黑三兵明显的特征就是：三连阴 K 线组合，而且每天股价都创新低。黑三兵出现在股价上升末端（或者说是下跌的初期），伴随着获利盘的不断涌现，股价依次探底，看空氛围很浓。

图 4-36　黑三兵

如图 4-37 所示，荣丰控股（000668）2009 年 10 月 21 日至 2010 年 2月 22 日的 K 线图。股价在 2009 年 12 月 9 日达到高位 16.20 元/股后，形成黑三兵，之后股价一路下跌，最低到 2010 年 2 月 1 日的 11.79 元/股，跌幅达 27.2%。

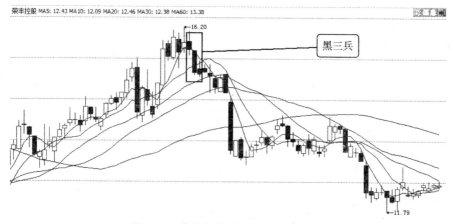

图 4-37　荣丰控股（000668）日 K 线

股价大涨之后或者在高位长时间盘整后出现黑三兵，下跌概率非常高。在下跌接近相对底部的时候，可能预示着股价即将见底。当然，具体使用黑三兵的时候还要注意成交量变化、大盘走势等，在此基础上进行综合研判。

4. 上升三部曲（见图 4-38）

在上升三部曲中第一根阳线表示上升趋势，三根（或者更多）小阴实体在第一根阳线的实体内部，第三根阳线强劲上涨，并且突破第一根阳线的收盘价。

在上升三部曲中，小阴线一定要在第一根阳线的高低价之间（包括下影线在内），第三根阳线的开盘价在第一根阳线的上边，并且收盘价格创出新高，这样就再一次明确了上涨的趋势。

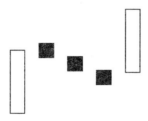

图 4-38　上升三部曲

如图 4-39 所示，南钢股份（600282）在 2009 年 6 月 10 日至 7 月 6 日之间，连续出现两个上升三部曲，之后股价连续上涨至 8.60 元/股。当然图中的阳线之间的小阴线不是 3 个，而分别是 8 个和 6 个，而且最高价和最低价都未跌破第一根阳线价格范围内，最后一根阳线分别确定了较高的收盘价格，可以认为是变异的两个上升三部曲。就是这两个上升三部曲分别确定了上涨的趋势。

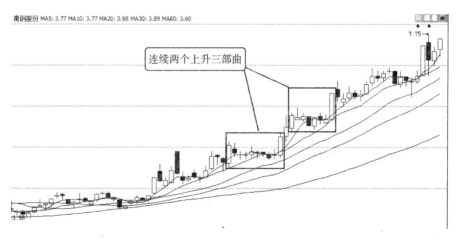

图 4-39　南钢股份（600282）日 K 线

5. 下降三部曲 (见图 4-40)

在下降三部曲中第一根阴线表示下跌趋势，三根（或者更多）小阳实体在第一根阴线的实体内部，第三根阴线猛烈下跌，并且突破第一根阴线的收盘价。

在下降三部曲中，小阳线一定要在第一根阴线的最高价之下（包括上影线在内），第三根阴线的开盘价在第一根阴线的收盘价附近，并且收盘价格创出新低，这样就再一次明确了下跌的趋势。下跌趋势中出现下降三部曲，更能说明下跌趋势将能够持续。

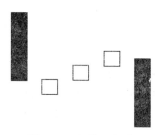

图 4-40 下降三部曲

如图 4-41 所示，*ST 中农（600313）在 2010 年 1 月 13 日出现典型的下降三部曲，第一根大阴线跌破上涨趋势，紧接着三个非常小的实体阳线出

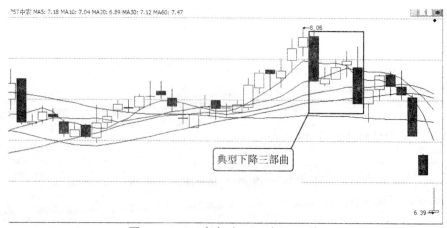

图 4-41 *ST 中农（600313）日 K 线

现在阴线价位内部，然后第二根大阴线再次大跌，这一下降三部曲组合使股价下跌趋势一直延续下去。

第四节　大盘与个股动态之看盘技巧

　　大盘可以反映股票总体涨跌状况的综合指数，个股只是数千只股票中的一只，其涨跌情况深受大盘的影响。大盘若上涨，个股一般都会上涨，下跌的股票不会很多；大盘若下跌，个股一般也会下跌，上涨的股票不会太多；大盘若横盘，则个股涨跌互现。

　　在分析大盘和个股涨跌关系时可以从以下四个方面来考虑：

　　第一，大盘和个股同时上涨时，个股当中要选择上涨时成交量比较大的股票。理由是：在大盘上涨时，个股一般都会有不同程度的涨幅，而成交量大的股票说明人气比较好，买入资金比较旺盛。特别是在大盘启动初期，个股如果放出巨量且大涨的话，很可能是机构在大举买入股票。而成交量小的股票，没有量能的配合，很难在后市中连续上涨。

　　第二，大盘和个股同时下跌时，个股当中要选择成交量比较小的股票。理由是：大盘下跌时，如果个股的成交量没有跟上的话，说明很多股民持股未动，没有随着大盘的下跌而卖出股票。这从侧面反映出股民对后市有信心，一旦大盘反弹或者上涨，这样的个股随之上涨的幅度一定是比较高的。

　　第三，大盘上涨，个股下跌，那么要选择个股当中成交量比较小的，避开成交量大的股票。理由是：在大盘上涨的时候，个股该涨却未能上涨，同时在下跌当中伴随着放量下跌，这是相当危险的走势。没有跟随大盘的上涨而上涨已经是反常的走势，加上成交量配合下跌，说明庄家可能乘机出货，后市看跌。

　　第四，大盘下跌，个股上涨，那么要选择个股中成交量比较小的股票，避开成交量大的股票。理由是：在大盘下跌时，个股一般情况下是要随着大盘下跌的，而这时上涨的个股说明其走势独树一帜，不受大盘的影响。但上涨时成交量很大的股票，如果伴随着大的换手率就存在庄家拉高出货的嫌疑，股民应该警惕这样的股票，以免在最高处买入股票。

个股随着大盘同涨同跌的走势多数发生在主力资金对某一板块的拉升当中。例如，2009 年初的房地产板块就是在大资金的拉动下，猛烈上攻，板块内股票联动效应非常明显。个股与大盘相反的走势多数是主力对某只股票发动的独立行情，这种行情的背后是很大资金的推动，把握得好可以获得较好的收益或者避免很大的损失。

第五节　资金流向之看盘技巧

资金是股票上涨的原动力，不论股票的流通盘有多少股票，观察资金流向对于研判股价的走势具有很强的指导意义。在判断大盘走势的时候，同样也得把资金流向放在首位。因为很难想象没有资金大举进入的股市，如何才能有大的涨幅。

资金流向固然重要，但是却不好判断。我们可以从股票的热点当中发现那些资金流入靠前的股票，因为市场中之所以有热点，是依靠庞大的资金推动其上涨的。判断资金流向可以从成交额排名和涨跌幅排行榜上寻找热门股票。

从成交额排行榜看：市场中每天成交额最大的前二十多只股票，就属于资金流向热点板块中的股票。这样的股票占据排行榜时间越长、位置越靠前，说明资金关照的程度越高。当然对于大盘股一般是不予考虑的。因为大盘股本身的流通盘就比较大，再加上市场若没有热点，自然成交额就比较大。

从涨跌幅排行榜看：通常资金量大的主力进入股市所产生的波动也是比较大的。因为主力想要拉升某只股票，必然要动用大量的资金，在股价猛涨并且伴随着很大的成交量的同时，散户也会跟随主力做多同一只股票。在大资金和散户大量资金的推动下，股价短时间的巨大涨幅就使其排进市场的涨幅榜了。因此，从主力拉升当中我们已经看到，散户的动作显然是比主力的动作慢，散户都是在看到大资金猛拉股价的时候才开始动手的。这样一来，要想知道主力拉升是否已经开始，看涨跌幅榜其实已经晚了。最先进入涨幅榜，并且始终排在那里的必然是龙头股。如果买不到龙头股，投资者可以选择一些涨幅不大的相似的品种，过后的板块轮动也可以让自己的"准龙头股"有不错的涨幅。

如图 4-42 所示，上证指数排行榜中左上角为涨幅排行榜前八名股票，右下角为成交额排名前八的股票。

今日涨幅排名

代码	名称	价格	涨幅
002209	达意隆	9.86	+10.04%
002090	金智科技	14.80	+10.04%
600733	振华科技	11.95	+10.04%
600058	五矿发展	15.68	+10.04%
000962	东方钽业	16.78	+10.03%
600192	长城电工	10.09	+10.03%
600673	东阳光铝	10.87	+10.02%
000758	中色股份	13.62	+10.02%

快速涨幅排名（周期:5分钟）

代码	名称	价格	涨幅
600889	南京化纤	8.36	+2.45%
600969	郴电国际	10.69	+2.00%
600438	通威股份	8.94	+1.82%
600396	金山股份	9.54	+1.71%
600729	重庆百货	41.96	+0.94%
600295	鄂尔多斯	12.10	+0.83%
600751	SST天海	8.06	+0.78%
000502	绿景地产	8.09	+0.76%

即时委比前几名

代码	名称	价格	委比
600733	振华科技	11.95	+100.00%
000408	*ST玉源	7.92	+100.00%
300068	南都电源	31.71	+100.00%
002209	达意隆	13.62	+100.00%
600758	中色股份	13.62	+100.00%
300055	三维丝	36.17	+100.00%
300014	亿纬锂能	31.26	+100.00%
300086	康芝药业	62.29	+100.00%

今日跌幅排名

代码	名称	价格	跌幅
300088	长信科技	33.80	-6.42%
000504	*ST传媒	9.92	-4.98%
002411	九九久	34.50	-2.46%
600988	*ST宝龙	14.50	-2.23%
300085	银之杰	30.24	-2.20%
600777	新潮实业	7.14	-2.19%
600559	老白干酒	26.45	-2.00%
600656	ST方源	7.79	-1.64%
600137	浪莎股份	16.51	-1.61%

快速跌幅排名（周期:3分钟）

代码	名称	价格	跌幅
002174	梅花伞	15.31	-0.78%
600607	华立药业	6.78	-0.59%
600393	东华实业	7.25	-0.55%
600740	*ST山焦	6.47	-0.46%
600668	尖峰集团	6.53	-0.46%
600865	百大集团	9.06	-0.44%
600315	西昌电力	7.79	-0.43%
600130	*ST波导	4.72	-0.42%

即时委比后几名

代码	名称	价格	委比
000504	*ST传媒	9.92	-100.00%
002038	双鹭药业	49.87	-92.77%
002063	远光软件	28.56	-89.77%
600885	*ST力阳	7.06	-88.33%
002322	理工监测	111.18	-88.13%
600489	中金黄金	60.14	-87.84%
600315	上海家化	33.94	-87.00%
600537	海通集团	26.66	-86.92%

今日振幅排名

代码	名称	价格	振幅
300056	三维丝	36.17	13.20%
300025	华星创业	29.41	13.12%
600751	钰业股份	6.94	12.98%
600058	五矿发展	15.68	12.77%
600259	广晟有色	24.64	12.59%
002378	章源钨业	32.29	12.39%
300077	国民技术	174.80	12.33%
600390	金瑞科技	12.41	12.27%
300068	南都电源	31.71	12.11%

今日量比排名

代码	名称	价格	量比
600242	ST华龙	7.94	8.37
000023	深天地A	8.20	5.35
002203	海亮股份	12.98	5.06
002090	金智科技	14.80	4.57
600618	氯碱化工	6.73	4.38
600848	自仪股份	10.88	4.26
300028	金亚科技	19.29	3.91
000526	旭飞投资	13.71	3.68

今日成交额排名

代码	名称	价格	成交额
600111	包钢稀土	43.59	245,214
600547	山东黄金	40.23	130,969
601318	中国平安	46.10	112,003
600030	中信证券	20.87	109,174
600256	广汇股份	32.17	109,121
600545	新疆城建	14.05	105,085
600383	金地集团	6.93	99,942
600482	风帆股份	15.79	93,881
600036	招商银行	13.78	90,903

图 4-42 上证股票综合排行榜

在分析股价后市能否看高一线时，还要看股价最近几天的变动情况，结合多天的走势会使判断更可靠些。总之，股价上涨下跌都是资金流动的结果，投资者选择股票就是要选择那些成交额和涨幅都靠前的相似个股，这样盈利的把握才会大些。

第六节　量价关系之看盘技巧

量价关系在股票技术分析中，可以说是最本质的东西。不管是什么技术指标，说来说去都是在解释股价被资金推动而上涨或者下跌这一过程。

不论何只股票，只要上涨或者下跌，就是资金推动的结果。有什么样的成交量，后市就有什么样的股价。这样一来，分析好量价关系就关系到炒股的成败了！那么什么样的量价关系才能生出"大金牛"呢？

我们想象一下，如果一只股票要上涨，必须有人肯买。反映在股价上就是：成交量飙涨，股价翻红，就是投资者迫不及待地进场"抢货"了，"抢"的结果就是成交量与股价"同涨"。当股价下跌时，不能有太多的人"瞎起哄"（抛售股票，使成交量放大）。这样被"惜售"的股票，后市才渴望成长为一头"大金牛"，让投资者尝到甜头。

具体说来有如下三点：

第一，就是一个"大"字，上涨时成交量一定要够大。尤其是在开始拉升时。底部连续成交量放大，换手率提高，绝对是"大金牛"的兆头。

第二，就是一个"小"字，下跌时成交量一定要够小，越小越好。庄家要想出货，必定是要放大成交量，放大换手率，才能达到出货的目的。如果没有大成交量和大换手率的配合，庄家想跑也跑不成。

第三，就是一个"多"字，上涨的天数一定要多，越多越好，下跌的天数越少越好。

以上说的三个字基本上就是一个超级"大金牛"的雏形了。想要更稳地捉到"牛儿"，最好再加个"稳"字。就是说股价在均线上边稳定上涨，不能下跌到均线以下太多，否则是不是真的很牛，就值得怀疑了。

举个例子来说：如图 4-43 所示，江苏国泰（002091）在 2008 年 9 月 19 日放量上涨，当日成交量 84321 股，是 9 月 18 日成交量 8958 股的 9.4

倍。随后在跟随大盘反弹中连续上涨，成交量不断放大，相比 9 月 19 日以前"芝麻点"成交量大了至少 5 倍。在随后的上涨过程中，几乎天天给股民送"红柱子"。不过也有下跌的时候，下跌的时候成交量极少。庄家还真是捂住不放手啊，下跌无量，买的人想要买多了也买不到啊！这样"稳"的牛股不买可就犯傻了！

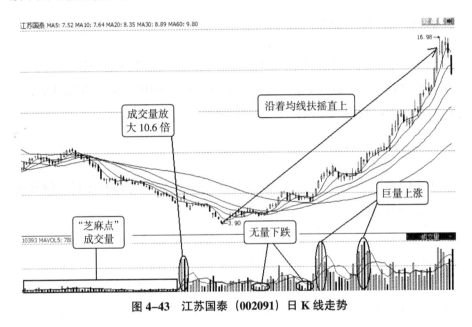

图 4-43　江苏国泰（002091）日 K 线走势

当然在量价分析的时候，配合周线和月线来使用更有说服力。毕竟在日线里所反映的，如果在周线和月线里也能明显看到，这样才是真"牛"。

第七节　看盘注意事项

盘面每一分每一秒都在变化，其中的资金流动方向也是不断地变化着的。既然主力资金不断地寻找热点，追逐热点，那么散户投资者也不得不仔细分析盘面变化，以便跟上主力的节拍，赚取最大的利润。

国内股市的大成交量和高换手率，连美国这样的成熟市场都自叹不如，说明国内的股票市场是具有很强的短期投机性的。不但如此，国内 A 股还是资金推动的市场，受政策影响的市场和庄家操纵的市场。基于这些考虑，短线投资者也只能结合各方面的因素去操作股票。

投资者看盘时需要注意以下问题：

1. 善于发现市场热点

市场中的股票经常是受到板块联动影响，上涨的股票越涨越高，下跌的股票越跌越低。如果投资者善于发现板块中的热点的话，操作热点的股票一定是持续时间比较长、涨幅也比较大的股票。

2. 搞清主力动向

主力的动向一般就藏在热点的股票当中，发现主力动向之后，继续做多，收益一定不错。

3. 挖掘买卖点

分析主力的操作特点、资金运作情况，可以很好地挖掘股票的买卖点。因为主力的动作无非就是建仓、洗盘、拉升和出货等操作步骤，只要按照步骤一点点地分析庄家的动向，一定可以找到合适的买卖价位。

4. 看盘要注重指数变化

大盘指数的变化对市场的涨跌具有很强的指导性作用。大盘涨的话个股一般都会上涨，大跌的话个股也不会有多大涨幅的。通过分析大盘的成交量可以弄清市场是弱势还是强势，为选股做好准备。如大盘涨的时候，有很高的成交量配合，说明市场上涨很健康，后市还会继续上涨。

5. 注意分析趋势线

通过分析大盘和个股的上涨趋势线，可以判断股价能否有持续上涨的动力。大盘和个股的趋势线向上，并且量价配合沿着趋势线稳步上涨，这样的上涨是可以持续的。只要趋势线不被跌破，后市股票还会继续上涨。

6. 注意放量突破均线的股票

若某只股票放大量突破上方的许多条均线所形成的阻力，这样的股票在后市当中是非常有潜力的。尤其很多股票在上涨之前，要向下跌缓冲一下，然后再量价齐升。投资者如能抓住这样的个股，收益一定是惊人的。

7. 注意逆市飘红个股

逆市上涨的股票，如果没有大资金的推动，是很难上涨的。既然主力不惜把自己的拉高操作手法公布于众，那么这样的股票上涨时间一定不是短暂的，涨幅也不会是小幅度的。投资者应该在大盘不好的时候，多关注这种逆市飘红的个股。

第五章　选股必读

第一节　选股的总体思路

1. 股票价格和流通市值

股价合适的股票，更容易被投资者看好。牛市当中股价超高的个股上涨是很困难的，低价股则不同，一旦有主力看重，上涨的空间是非常大的。如2元左右的股票上涨到10元以上是很正常的事情。如果是一只百元股再上涨到两三百元，难度就非常大了。

总股本最好在3个亿以内。小盘股的扩张潜力比较大，主力操盘也比较容易，只要少量的资金就能使股价翻倍。相比大盘股来说，市场好的时候小盘股的上涨空间更大一些，而且走势上要比大盘股灵敏得多。

2. 上市公司所在行业

公司所在的行业好的话，未来的发展空间会更大一些。在优秀的管理层的带领下，更容易实现股票业绩突飞猛进的发展。

3. 公司经营状况

经营状况好的公司，在以后各期的盈利也是比较稳定的。投资者买入这样的股票，获得较好收益的概率就比较大。

4. 管理层的素质

管理层好坏直接关系到上市公司的前途命运。在上市公司基本经营状况良好的情况下，管理层可以充分利用现有资源，为公司创造更多的价值。当经营状况不好的时候，好的管理层能够审时度势，带领公司顺利走出短期困境，尽可能多地为公司创造价值。好的管理层应该具备如下素质：

（1）个人作风正派，诚信状况良好，没有做过有损公司利益的事情。

（2）管理经验丰富，学识渊博，有很强的管理才能。

（3）可以为公司制定长远的经营战略。

5. 股票被控盘的程度

由于庄家的资金雄厚，掌握的流通股本比较多，在很多情况下股票的涨跌程度同庄家的实力有很大的关系。实力强、掌握的流通股票数量大的庄家，可以在牛市当中将股价拉上天。而实力弱或者掌握的流通股票少的庄家，投资者不能指望其大幅度地拉升股价。

6. 股票的活跃程度

交投活跃的股票在市场中的人气比较旺，受关注的程度高，随大盘走出突破性行情的可能就大一些。投资者买入交投活跃的股票，风险也比较小。反映股票活跃程度的指标主要是成交量和换手率。成交量大的股票，一般来说是受到了更多的投资者的关注。换手率高的股票证明股票的交易频繁。

7. 股票的基本趋势

股票的基本趋势可以在宏观上反映上市公司长期的经营状况。发展较好的上市公司，反映在股价上也是长期向上的趋势。反之，上市公司经营业绩长期徘徊在盈利与亏损的边缘，这样的公司其股价不可能长期上涨。

（1）可以用周 K 线或者月 K 线来查看股价历史趋势，尽量选择那种处于上升通道的股票，避免买入那些处在下降趋势中的股票，并且注意股价是否处于历史高位。

（2）用 K 线组合形态判断股价的支撑和阻力位，为低位买股提供依据。

（3）参照公司长期的收益情况，判断是否存在股价走势与收益增长方向背离的问题。

8. 风险是否可控

股票市场中风险是多方面的，只要投资者在股市当中，规避风险总是很现实的选择。这样，在选择股票的时候就要采取一些必要的措施来规避风险。例如：选择那些没有巨大现实风险的股票；选择那些风险可以控制的股票；兼顾收益的时候，尽量选择那些抗风险能力强的股票。

第二节　从各种财务报表中选择有投资价值的股票

一、选择盈利稳定的股票

企业的盈利能力是指公司获取利润的能力。利润多少直接关系到上市公司能否按时偿还债权人利息，能否给投资者带来较高的投资回报率，能否为公司员工提供更好的福利。可以说公司的盈利能力是一切经营活动顺利进行的基础，提高公司的盈利能力是公司经营发展的最根本目的。

1. 公司盈利能力分析的作用

（1）分析公司的盈利能力可以检查公司的经营状况。公司管理层通过分析公司的毛利率、净利率、资产收益率以及净资产收益率，可以清楚了解公司的盈利能力。如果将盈利指标与基期、同行业公司相比较就可以评价公司的经营状况了。

（2）分析盈利能力可以发现公司经营中的问题。盈利能力是公司经营活动的成果。不论经营状况是好是坏，都会在盈利大小中体现出来。因此，盈利能力分析有利于发现问题，并采取有效措施解决问题。

（3）分析公司盈利能力可以帮助投资者更有效地进行投资。投资者进行投资的时候首先考虑的就是公司的盈利能力。盈利能力强的公司可以顺利地偿还债权人的利息和本金，还可以在适当的时候给股东提供更多的红利。公司盈利能力的提高还会使股票价格上涨，这样可以使投资者获得更多的资本增值收益。

盈利能力是公司财务分析中的重中之重。如果公司的盈利能力出色的话，其他方面的问题也就不会很多。分析公司的盈利能力的主要指标是利润率而不是利润总额。因为利润总额受到公司规模的影响会有很大的不同，所以分析利润总额不方便各个公司之间的比较。

2. 在分析公司的利润率时主要从以下三个方面来考虑

（1）与公司销售能力有关的盈利能力。销售收入一般是公司的主要利润来源，公司经营活动的目的就是使销售收入增加、利润增大。对销售收入的评估分析可以从毛利率、净利率、资产收益率、净资产收益率等方面加以考虑。

毛利率＝毛利/销售收入×100%

净利率＝税后净收益/销售收入×100%

资产收益率＝税后净收益/净资产×100%

净资产收益率＝（税后利润－优先股股息）/（股东权益－优先股票面额

总和）×100%

（2）与投资有关的盈利能力。与投资活动有关的盈利能力主要是对总资产收益率、净资产收益率进行分析。总资产收益率表示公司全部资产获得收益的水平。通过分析该指标，投资者更好地了解公司的经营状况，促使公司提高单位资产收益水平。净资产收益率比总资产收益率更能够反映公司利用自有资金获取收益的能力。

总资产收益率 = 息税前利润/资产平均总额×100%

净资产收益率 = 息税前利润/净资产平均总额×100%

投资者可以将投资收益率与市场利率进行比较，投资收益率越高则说明公司越能充分利用筹得资金，为股东赚取更多的收益。在对同行业不同上市公司进行比较时，应尽可能选择投资收益率高的公司。

（3）上市公司的盈利能力。投资相关的收益分析就是将财务报表数据同公司发行的股票数量、股票价格结合起来进行分析，计算出每一股所对应的收益、现金流量，每股收益对应的股息、股票市价，每股净资产对应的股票市价等与投资者利益相关的财务指标，帮助投资者更直观地分析公司股票价值。与投资能力有关的主要比率关系有：每股净收益、每股经营活动对应的现金流、普通股票获利率、市盈率等。

每股净收益 = （税后净收益−优先股股息）/发行在外普通股股数

每股经营活动对应的现金流 = 经营活动的净现金流量/发行在外的普通股股数

普通股票获利率 = 每股股息/每股市价×100%

市盈率 = 每股市价/每股净收益

二、选择资金充裕的股票

资金充裕主要指的是公司的现金流比较大，可用现金比较多，可以保证公司有足够的资金维持正常的经营，偿还债权人利息。通过分析公司的现金流可以搞清楚公司的财务情况、运营能力情况以及公司的价值大小等。

通常现金流可以分为以下几种：

（1）经营活动现金流。它是指公司通过生产产品、销售商品或提供劳务输出所取得的现金收入，这是公司最直接的现金来源，也是主要的现金来源。

（2）投资活动现金流。公司在长期的资产采购、建设和投资活动中产生的现金流。

（3）筹资活动现金流。它是指导致企业资本及债务规模和构成发生变化时产生的现金流。筹资活动的现金流主要包括：吸收投资，取得借款，偿还债务，分配股利、利息和偿还债权人利息时产生的现金流。

公司现金流大小的分析依据是现金流量比率分析，是指现金流量与其他项目数据相比所得的比值。投资者经常使用的现金流量比率主要涉及以下四种情况：

（1）经营活动现金流量。经营活动产生现金大小，最能真实地反映公司的经营情况。只有公司生产经营活动产生的现金足够多，才能保证公司扩大生产规模，增加新产品，为公司创造更多的利润增长点。

经营净现金比率 = 经营活动的净现金流量/流动负债

（2）净利润现金含量。它是指现金净流量与净利润的比值。生产经营活动产生的现金是公司获得的最真实的收益。净利润里现金含量高，应收账款数量就少，相应的费用就低，从而减少了公司财务上的压力。

净利润现金含量 = 现金净流量/净利润

（3）主营业务收入现金含量。它是指公司销售产品、提供劳务所得的现金与主营业务收入的比值。这个比值越大，说明公司的产品销量越好，就能越快收回销售资金。

主营业务收入现金含量 = 主营业务现金/主营业务收入

（4）每股现金含量。它是指现金流量与公司发行的股本总额的比值。这个指标同每股收益相比，更能准确反映公司的盈利能力。因为每股现金含量不涉及会计政策的主管选择，不容易造假，具有很强的可比性。在评价公司的短期偿债能力方面也比每股收益更加真实、准确。每股现金含量是公司盈利能力的重要指标。

每股现金含量 = 现金总额/股本总额

在衡量公司价值方面，公司的现金流量比净利润更能够反映公司的真实价值。投资者可以通过看盘软件将公司的现金流量比率与各年同期相比较，也可以同其他公司比较，分析公司的价值是否适合投资。

三、选择成长性高的股票

成长性分析是财务比率分析中经常用到的重要指标。公司的成长性分析有利于正确认识公司的真实价值，衡量公司未来发展速度的快慢。通过成长性分析，投资者可以大致得出收回投资本金的时间。

在财务分析中，以下五个比率是最常用的反映公司成长性的指标：

（1）总资产增长率。总资产增长率反映的是最近一年的资产相对于前一年的增减变化情况。资产较快增长可以保证公司顺利获取更多的收入，同时也能够保证公司顺利偿还债务，可以说资产是公司发展的基石。

总资产增长率 = 本年度资产增长额/年初资产总额 × 100%

使用总资产增长率来衡量公司增长速度的时候，可能因为时间因素，不能真正准确地反映公司的资产增长情况。这个时候可以用三年平均增长率指标来计算、评价公司的资产增长速度。

（2）固定资产增长率。一般对于公司而言，固定资产增长意味着上市公司有能力继续提高产品产量，销售额也会大幅增加，这样必然为公司带来更多的利润。那些存在未竣工工程的上市公司，待到工程竣工后，公司销售额会很快提高，对应的利润也会大幅度地提高。

固定资产增长率 = （期末固定资产总额 − 期初固定资产总额）/期初固定资产总额 × 100%

（3）主营业务收入增长率。公司的主营业务收入增长率多年保持在10%以上，说明上市公司的成长性良好。主营业务收入增长率大的公司，产品供不应求，公司扩张能力比较强。这样的上市公司渴望为投资者带来较高的投资回报率。通常产品单一、具有独特垄断优势的公司其主营业务增长率会很高，利润总额也较其他公司大。

　　主营业务收入增长率＝（本期主营业务收入 － 上期主营业务收入）/上期主营业务收入×100%

　　（4）主营业务利润增长率。主营业务利润增长率高的上市公司，盈利能力较强。处在成长期的上市公司，主营业务利润占比会很高，公司的增长质量也比较好。如果公司的利润总额虽然大幅度增加，而主营业务利润却增长缓慢，这样的增长就是不可持续的。

　　主营业务利润增长率＝（本期主营业务利润 － 上期主营业务利润）/上期主营业务利润×100%

　　（5）净利润增长率。净利润是上市公司经营成果的体现。高增长的净利润体现公司竞争实力强，获利能力也比较强，能够为投资者带来更多的股息或者股价增值收益；相反净利润增幅小的公司，相应的盈利能力就值得怀疑了。主营业务增长较快的公司，一般出于业务发展的需要会时常配股，而剩余利润也会更多地分给投资者。

　　净利润增长率＝（本年净利润 － 上年净利润）/上年净利润×100%

四、选择竞争力强的股票

　　（1）通过盈余品质看上市公司竞争力。分析上市公司的盈利能力要从数量和质量两方面入手，利润总额固然重要，盈利的质量和可持续性也是非常重要的。上市公司的盈利质量应该有如下特点：上市公司盈利能力应该是可以持续增长的，而且盈利变化幅度不应该过大，在盈利状况不佳的时候，盈利水平也不会下降很多；上市公司的盈利水平可以很好地预测，盈利可以预测的公司，经营比较稳健；公司盈利当中现金含量比较多，或者说盈利转换成现金的可能性高，盈利质量好。

　　在分析上市公司财务报表的时候，一定要结合多年的盈利状况综合分析，某一年的盈利大增不一定能反映公司盈利水平，但是一般长期稳定盈利的公司在以后的盈利状况也不会太差。

（2）通过资产质量看上市公司竞争力。上市公司的资产是公司经营发展的基石，没有好的资产质量，公司发展就会受到严重制约。上市公司的资产中，不仅仅包括厂房、设备、土地等实物资产，还包括公司品牌、企业文化、管理制度、专利数量等无形资产。离开无形资产的固定资产是没有用武之地的。不管是有形资产还是无形资产，为公司创造源源不断的现金利润就是好的资产。无形资产虽然看不见摸不着，但却是真实存在的。例如，优秀的品牌形象，可以给公司创造大量的销售额和源源不断的利润。当上市公司的优质资产融合到无形资产当中时，就会创造出最大的经济效益，为投资者带来可观的收益。

（3）通过现金流量表看上市公司竞争力。在评价公司经营状况的时候，多数人是喜欢看公司的利润表的，而不怎么关心现金流量表。其实这是错误估计公司实力的做法。如果利润增加，相应的公司的现金流量减小的话，可能会影响公司的经营活动和债权人利息的偿还。

现金流就像上市公司的血液一样重要，如果流动不畅很容易影响公司的正常经营活动。上市公司的现金流主要有经营活动现金流、投资活动现金流和筹资活动现金流。竞争力强的上市公司，应该始终有一定的经营现金流，并且合理使用投资活动和筹资活动现金流，这样的公司才不容易发生现金断流的危机。

（4）通过股东权益报酬率看上市公司竞争力。优秀的上市公司，具有长期稳定增长的股东权益报酬率。上市公司的股东权益报酬率长期稳定在15%以上才是投资者应该追求的目标。根据"杜邦财务分析方法"，股东权益报酬率可以分解为销售净利润率、总资产周转率和杠杆比率。这三个比率分别是经营活动、投资活动和筹资活动的成果。由此可见股东权益收益率囊括了经营、投资和筹资三大活动，能够综合反映公司的竞争力情况。股东权益收益率是值得投资者花时间研究的财务比率。

股东权益报酬率 =（税后利润 − 优先股股息）/股东权益 × 100%

五、选择财务状况好的股票

上市公司财务状况是指：一定时期内的公司经营活动反映在财务上的资金筹集和资金运用情况，是公司经营活动过程和结果的综合反映。

看一个企业的财务状况好坏，我们可以从四个方面着手：资产质量、资本结构、利润质量、现金流量。

（1）资产质量方面：能够满足公司长期发展和偿还债务的资产就是质量比较高的资产。具体表现为：固定资产能够提供合适的生产能力，资产闲置率不高。流动资产的周转率要高，可以顺利偿还到期的债务。应收账款和待摊费用总量不能过大而且波动幅度也不宜过大。

（2）资本结构方面：资本成本要大于公司的资产报酬率，否则公司向资金提供者支付报酬后，公司的净资产将会减小。公司的资金来源在时间上与资产结构相适应，也就是说短期资金来源用于支付短期债务，长期资金来源用于支付长期债务。上市公司的财务杠杆还要与公司的融资要求和财务风险相适应，也就是说公司从债权人那里筹集的资金要在公司能够偿还的范围内，还要适合公司的融资需要。除此以外公司的所有者权益构成状况还要与公司的发展相适应。

（3）利润质量方面：上市公司应该有一定的盈利能力，即净资产收益率、营业利润率等指标可以在同行业中排在前边。而且利润的结构基本上是合理的，即利润结构与公司的资产结构相匹配、费用变化比较合理以及利润构成比较合理。在利润当中现金含量还要比较高，即现金流量表中"经营活动产生的现金流量净额"与利润表中"营业利润"应当保持基本一致、投资收益应该包含一定的现金。

（4）现金流量方面：经营活动现金净流量应该足够支付公司开支，如支付利息费用、支付本年现金股利等。

六、选择管理层优秀的股票

股市为上市公司提供了一个融资的渠道，而融资渠道也为投资者提供了一个投资的平台。在这个平台上，究竟什么因素可以真正决定众多股票的价值，为上市公司称重呢？这无疑就是上市公司管理团队素质的优劣和治理水平的高低。

投资于行业前景好的公司固然重要，但是如果没有出色的管理团队，再好的行业前景也是形同虚设，不能够给投资者带来高的投资回报。因此，选股就应该选择那些管理团队优秀的上市公司的股票。

投资者只有将钱投入有发展前景的行业，用以获得较高的投资回报，才是投资者的最佳选择。股民获得投资回报的过程也就是行业价值被挖掘、公司和公司管理层价值被发现、获利方式被利用的过程。盈利能力强的上市公司，无不对应着优秀的管理层。优秀的公司不仅在于当前有多少有价值的固定资产，还在于如何利用这些资产使公司业务不断扩展、实力不断增强，而实现公司发展壮大在很大程度上依赖于管理层。很多公司之所以长久不衰，成为某一行业中的"领头羊"，优秀的管理层是第一位的要素。可以说股票投资就是对于上市公司管理层的投资。

股市中很多股票经常因为各种因素而暴涨，然而管理层并不优秀。但也有一些公司因为短时间的经营困难，其股票受到市场的冷落，不过在管理者的精心管控下，终究实现了业绩的突飞猛进。这样的上市公司无疑是我们投资者追求的目标。事实上，现在许多的投资者在选择股票的时候，已经将上市公司的管理层素质摆在了极其重要的位置上来考虑了。不论中小投资者还是大机构投资者都应该如此考虑。

总之，投资者在选股时应该着重考虑公司的管理者水平，并且将这一因素放在头等重要的地位来考虑。好的管理层就是有好的管理思想，可以为公司创造良好的企业环境，再加上明确的发展思路，不论公司出现多么大的困难都是暂时性的。因为管理层的不断努力可以克服巨大困难，使公司回到自已专注的业务上来。所以说投资者把握好了管理层，投资动作也就完成了一大半，剩下的主要就是管理者为投资者创造价值的过程了。

第三节　各种类型股票的选择

一、选择低价股

美国历史上有一位投资大师，名字叫做约翰·坦伯顿。就在 1936 年坦伯顿 26 岁的时候，他做出了一个惊人的决定：借款 1 万美元买入 104 家股价在 1 美元以下的股票，4 年过后出售股票，获利高达 3 倍之多。这就是大师的第一桶金：便宜好货的背后就是暴利。

便宜的好股票主要有以下几种：

（1）股价绝对值非常低的股票。在大牛市当中，绝对值相当低的股票是很少见的，最低价的股票也很少低于 5~6 元钱一股的。但是当牛市转为熊市的时候就不是这样了，绝大多数的股价大幅度地跳水，只有那些题材相当好或者业绩不错的股票才能支撑在很高的价位。业绩平平的个股很容易被打回谷底。这样，投资者可以借机选择一些基本面良好的超跌低价股来持有。像 1 元、2 元股价的个股，反弹的时候是很容易翻番的。

（2）股价低于净资产的股票。牛市当中，很多个股没有业绩支撑，只要题材好照样能够大涨、猛涨。而熊市当中不管有没有业绩支撑，股票都可能跌得很低。如果投资者挑选一些股价低于每股净资产的股票，在将来大盘好的时候就有大涨的潜力了。买入那些股价低于净资产的股票，就相当于以折扣价买入股票，绝对物有所值。

（3）营业收入暴涨的股票。有些公司的业绩经常维持在低水平，或者在年份不好的时候会发生亏损。当公司的业绩突然暴涨的时候，因其业绩起步比较低，股价也较低，股票的估值就会在短时间内被低估。尤其是那些业绩可以维持一段时间的上市公司，低价就很可能成为主力炒作的借口。

（4）主力大举买入的股票。主力掌握的消息比散户要丰富很多，获悉消息的时间也要早一些。被主力顶上的低价股经常会走出大的行情来。投资者如果可以在主力建仓的时候就发现这样的个股，买入中线持有，获利一定丰厚。

总之，投资者只要像约翰·坦伯顿一样敢于在股价超低的时候，大量买入一些物有所值的股票，就一定会获得丰厚的利润。

二、选择绩优股

绩优股：是指业绩优良、盈利能力比较强的上市公司的股票。评判上市公司业绩好坏的指标主要是每股收益和净资产收益率。每股收益排名是上市公司前列，净资产收益率至少在3年内连续达到10%以上的水平，可以称为绩优股。当然受到经济周期等因素的影响，绩优股的净资产收益率可能不总是那么高，但同比其他公司是比较出色的。绩优股主要是那些存续时间比较长、规模比较大、业绩比较稳定的大公司的股票。不仅在业绩上效益比较好，公司的社会认可度也是比较高的。

选择绩优股的条件：

（1）股价稳定，可承受较大市场波动的股票。绩优股的股价是很稳定的。在股指下跌的时候，不会短时间内破位下跌，而是盘整或者缓慢下跌。而在股指上涨的时候也不会首当其冲地上涨。从长期来看，绩优股的股价涨升不太跟随大盘走势，而是根据自己的节奏缓慢上涨。

（2）收益高而且稳定的股票。绩优股长时间内可以保持较高的盈利状态，净资产收益率在上市公司中排名是比较靠前的。公司业绩受经济波动的影响比较小，在经济不景气的时候没有比较明显的业绩下滑。

（3）公司负债比较轻的股票。由于具有长期的稳定增长的潜力，绩优的公司不会是那些负债很重的公司。负债过重的公司，利息费用会比较高，这样就不断减少了公司的收益，绩优股不会诞生在这样的公司里。

（4）公司良好形象被大众所认可。绩优股不仅在业绩上比较突出，公司形象也比较好。

三、选择重组股

重组股主要是指上市公司进行资产收购、置换、出售、租赁或者资产托管和受赠等的股票。

1. 有效重组上市公司的目的

（1）优化资源配置、剥离不良资产而专注于竞争力强或者利润丰厚的领域。例如，上市公司收购优质资产，突出企业主营业务的竞争力水平。还可以利用重组实现业务拓展和转型。

（2）改善财务状况、恢复或者增强其再融资能力。公司财务状况直接关系到企业能否在资金困难的时候顺利融资，维持公司健康发展。资产重组给上市公司提供了一个改善财务状况的机会，在企业最需要资金的时候拉公司一把。

（3）摆脱因主营业务收入下降或坏账等造成的债务危机，避免退市危险。一旦公司连续三年亏损，就不得不面临退市的危险。资产重组使上市公司剥离不良资产，增加了企业的利润，避免公司退市。

（4）使新的管理层顺利接手公司业务。因管理层变化带动的资产重组，需要管理层与公司业务顺利对接后，公司才能顺利发展。

2. 资产重组公司的选择

（1）熊市当中重点炒作重组股。熊市当中一般个股的走势都不尽如人意，但这个时候正是题材类股票炒作的大好机会。正是因为市场状况不好，才造就了像资产重组一类的题材类股票反复被挖掘、炒作。

（2）重点炒作小盘重组股。小盘股的流通市值和总股本都不大，重组成本低，很容易被重组。而且盘子小的股票流通市值小，利于机构建仓拉升。特别是对于资金量不多的机构，选择小盘股可以在短时间内收集筹码并且将股价拉升到目标价位。

（3）关注超跌低价股票。股票经过连续下跌后，很容易在某一底部绝地反弹。特别是股价本身并不高，加之超跌，这样再加上重组概念反弹的幅度就不可限量了。

（4）在绩差股里边寻找重组股。那些连续两个会计年度亏损或者由于其他原因被特殊处理的股票，将被戴上 ST、*ST 的"帽子"。这些公司越是亏损，越是站在退市的边缘，被重组的可能性越高。当然在选择这些股票的时候一定要注意防范风险，选择那些有实质性进展的、受到国家大力支持的重组股。这样才不至于买入强行退市的股票，从而出现血本无归的结果。

四、选择成长股

成长股初次发行股票的规模并不是很大，但公司的管理水平很高，产品具有很强的市场竞争力，利润也很丰厚。

成长股选择要点：

（1）选择能力出众而诚实可靠的管理层。公司的健康快速发展，离不开优秀的管理层，特别是在公司面临困境的时候，管理层的作用就尤为重要了。当然管理层还应该是诚实可信的、务实的。诚实的管理层不会在财务方面弄虚作假，不会粉饰公司的业绩，他们更加尊重实际情况。在公司业绩不好的时候，会想方设法改变公司的现状。这样的管理层既能够为企业创造价值，又能把投资者的利益放在首位，可谓成长性公司的顶梁柱。

（2）规模比较小的公司。小规模的公司对成长性的追求欲望比较强，主营业务收入、公司盈利水平、资产积累的上升空间都比较大。小公司的规模小，比较容易管理。船小好调头，小公司可以很快适应突如其来的市场环境的变化。

（3）公司所在行业具有广阔的发展空间。如信息行业、医药行业都是高成长性公司诞生的摇篮。

（4）选择龙头企业。公司所在的行业固然重要，但不同的公司在同一行业的业绩也是千差万别的。选股就应该选择那些行业中的龙头企业，这些公司创造的利润是其他公司不可比拟的。

（5）公司业绩增长稳定而迅速。具有潜力的成长股其利润总额的增长率比较高而且稳定。由于公司的利润比较丰厚，相应的回报就比较高。小公司在发展壮大过程中会不断地配股和分红，与投资者共同享受公司快速增长带来的收益。

（6）选择市盈率大小适中的公司。成长性高也意味着高回报，高回报的股票的预期收益率就高，反映在股价方面就是高价格。如果价格选择高，投资者要求的资本收益率就高。但是能反映收益率大小的是公司的成长性。选择成长性的公司，最好要选择那些市盈率比较低的股票，这样收回本金的时间才会较短。

五、选择蓝筹股

蓝筹股是指业绩优良、股本比较大、流动性比较好、分红比较多、股价稳定的股票。蓝筹股的公司不论在经济发展的任何时期，都能取得与当时经济发展相适应的较好收益水平。蓝筹股在绩优股中算是佼佼者了。

蓝筹股应该是那些具有优质产品或服务，能够在经济发展的任何时期都维持盈利能力的公司。具体包括如下几方面：

（1）蓝筹股一般会出现在大公司的股票当中。如美国的JP摩根、沃尔玛、埃克森、微软等，市值都有上千亿美元之多。

（2）国民经济的关键行业。关系国民经济命脉的行业，是诞生超级大蓝筹股的"温床"，如采掘业、钢铁行业、金融行业等。

（3）公司业务和市值同时扩大。大蓝筹股具备长时期稳定发展的历史，并且可以在今后各期都能维持发展水平。在业务扩大的同时，公司的股本也会同步放大。

（4）公司的红利非常的丰厚。蓝筹股在不断发展壮大的过程中，对股东的分红也是相当可观的。蓝筹股不仅在发展中壮大了公司实力，也赢得了社会良好赞誉。可以说蓝筹股的公司是名利双收的、具有很强代表性的上市公司。

六、选择白马股

白马股就是那些业绩比较好，各方面收益率比较高，经营稳健的公司股票。这种公司的股票在市场上受到多数投资者认可。

1. 白马股的特征

（1）公司业绩好已经为众人所知，题材也相对公开化。一般大盘好的时候，涨势都不错，甚至能成为超级大牛股。

（2）业绩在上市公司里屈指可数。不论是每股收益还是净资产收益率等方面都是很高的。

（3）公司业绩稳定，增长前景良好。历年的业绩都比较稳定并且具有持续性，是白马股不可或缺的魅力之一。业绩稳定说明公司盈利能力强，竞争力较高，与其他公司相比具有比较优势。

（4）衡量公司价值的市盈率和市净率都比较低。通常白马股虽然股价相对高一些，但是动态市盈率和市净率是很低的。因为公司的高成长性，市场给予了这样的公司较高的估值水平。

2. 选择白马股的参照指标

（1）每股收益0.50元以上。上市公司的净利润中除去交纳的税金后，分配给每股的利润就是每股收益。每股收益越高，证明公司盈利能力越强。据2009年底统计结果，每股收益0.50元在A股两市当中大概有300家的上市公司。股民可以在这些公司中筛选合适的白马股。

（2）市盈率在30以下。市盈率的大小可以大体上衡量持有股票的价值。

一般情况下，市盈率越低，越能够说明投资收回本金的时间短，股票越具有投资价值。不管公司的成长潜力有多大，合适的股票价格，或者说适当小的市盈率都是具有投资价值的。应该优先选择那些更具有潜力的、被市场低估的白马股，投资的预期收益率才会比较高。

（3）净资产收益率在8%以上。理论上讲上市公司的净资产收益率越高越好，但是众多上市公司的盈利能力是不一样的，同一家上市公司不同时期的收益率水平也是有区别的。通常10%以上的净资产收益率是比较好的，但在金融危机的时候，2009年底统计的公司净资产收益率都有所下降。此种情况下8%以上的净资产收益率还是可以的。2010年初大概有71家的上市公司达到8%以上的净资产收益率。

（4）净利润增长率在30%以上。公司净利润的不断增长，意味着上市公司发展前景良好。公司有更多的收益可以用于股票的分红。上市公司2009年净利润增长率排名第一的大龙地产（600159）其数字高达14256.396%。如此之高的增长率虽然不常见到，但是一旦股民买到这样优秀上市公司的股票，以后的收益是有保障的。

（5）资产负债率在40%左右。较高的资产负债率会增加上市公司的负担，增加股民股票投资的风险。而过低的资产负债率表明，公司没有很好地利用融资机会，为企业的快速发展服务。比较理想的负债比率可以增强上市公司活力，维持公司业务高速发展。

七、选择黑马股

黑马股是那些短时间内就可以快速翻一倍或者数倍的牛股。这样的股票一般是很不入流的，也就是说不被多数投资者认同的。但正是这种股票，在拉升的时候才具有隐蔽性，拉升的潜力才大。

1. 黑马股与一般股票的不同之处

（1）黑马股是不入流的股票。像那种高价股、超低价股、大盘股、热门股都不容易成为真正的黑马股。为什么这么说呢？因为引人注意的股票会让太多的投资者和大机构来争抢。抢购的结果就是没有主力控盘，股价就不可能涨幅太大。

（2）涨幅不大却能经常大幅度放量的股票。这样的股票不会吸引太多人的注意，但是放量却是大资金不断建仓的结果，庄家一旦建仓完毕股价就会被急拉直奔涨停板。

（3）量价配合相当完美的股票。成交量能否有效配合股价，关系到股票在后市当中的涨幅究竟有多大。成交量稳定在高位，明显的价涨量增、价跌量缩的股票，加上温和的换手率配合，证明主力很可能在股价的底部大力建仓。这样的股票成为黑马股的可能性极大。

（4）黑马股的类型应该是那些比较让人认可的题材类型。

2. 黑马股的选择策略

（1）技术形态中选择。黑马股的拉升阶段是很短的，开始拉升的时候经常是具备明显底部特征的。如"V"形反转的底部、温和上涨的时候突然无量破位下跌、股价形成放量大阳线形态并突破多条均线、出现缺口形态等。

（2）流通盘比较小的股票。流通盘小的股票，价格走势易于控制。建仓、洗盘拉升都比较容易，也容易受到大资金的青睐。特别是那些业绩优良、价格又不高的股票，正符合庄家操盘的买入标准。

（3）选择领涨股。大盘上涨的时候，不同行业、行业内不同的公司、不同的板块涨幅是不一样的，涨跌时间也不相同。选择某一个行业或者板块中领涨的股票一般可以获得更大的收益。

（4）选择流通盘不大的蓝筹股。蓝筹股的业绩是毋庸置疑的，若流通盘不大则适合机构建仓。在市场走势好的时候，容易成为机构首先拉升的股票。在大盘走势不好的时候，一些定价不高的中小盘蓝筹股也可能成为今后主力拉升的目标。

第四节　根据板块选股票

一、根据题材分类选股

炒作题材：就是为炒作一只股票寻找的借口。有了题材就有了跟风盘，股价在被炒作的时候就不怕它不上涨了。当然题材也是有区别的，真假题材都可以作为炒作的理由。

1. 题材的分类

（1）上市公司业绩预增预盈的。业绩的好坏是公司价值的最真实体现。不论多么良好的预期，只有反映在业绩上才是真金白银，才能使股价增值。那些具有良好预期的上市公司，在业绩发布时能够完全兑现或者超额兑现的，后市看涨的机会是很大的。而对于那些虚假题材类股票，预增的业绩不能够真实兑现，股票价格也会因此一落千丈。因此，挑选股票的时候要十分谨慎，不要掉进题材的陷阱里。

（2）拥有可靠升值的土地资源。土地资源不同于其他商品，本身就具有很高的升值潜力。尤其是在那些大城市（如北京、上海、广州等），繁华地段的土地，其增值的潜力是相当高的。对于这样的题材，投资者需要细心地查看公司财务报表和公司网站等资源，详细了解情况。弄清楚究竟有没有升值机会，升值潜力究竟有多大。具有升值潜力土地资源的个股，还需要有机构来挖掘，这样才具有大幅度上涨的空间。

（3）收购重组类题材。收购重组类股票的炒作空间比较大。因为收购和重组只是设想当中的事情，是否确有收购行动还要等上市公司公布了结果才能知道。那些有可靠消息进行收购、重组的股票，更容易受到资金的追捧。

（4）国家扶持的公司。在重点行业出现短时间亏损、经营状况极度恶化的时候，国家往往会出台一些相关的税收和贷款方面的优惠政策，以期增加这些公司的收益，使公司的经营状况得到好转。特别是在金融危机期间受到严重影响的公司，如银行业、保险业、服装业、房地产业等行业的公司，会受到国家的重点扶持。受到危机冲击严重的行业，股价会比较低，当危机过后、公司效益好转时，业绩会大幅度地提高，若提早买入这些题材股，收益将会是很丰厚的。

2. 选择题材股的注意事项

（1）看市场是否支持被炒作的股票走强。有些股票的题材固然是好，但是如果没有市场资金的青睐，恐怕很难有大幅的上涨空间。题材类公司虽然看似是一匹"千里马"，但是缺少投资者这样的"伯乐"也是不成的。

（2）是否有大盘走势的支持。单独流淌的小溪很容易干涸，但是奔流到海的大江大河就不容易干涸了。题材类的股票也是这样的。股票的题材固然重要，但是脱离大盘走势的股票一定不会走太远的。只有大盘走势比较稳定，或者是在牛市当中，题材股才有更好的发展空间。

（3）题材类股票的炒作是轮番进行的。股市上涨的时候，需要的资金量必然很多。而市场中的资金量是有限的，不可能同时将所有的股票都拉到顶。因此股票的炒作必然是轮番上攻，即所谓"你方唱罢我登场"，股票在不断轮换中被炒作。这样一来，投资者在购买题材股的时候就要注意寻找热点，跟着市场中的热点走，赚钱还是比较容易的。

二、根据流通盘大小选股

流通盘大小关系到股价能否被大幅度地拉升。流通盘小、业绩优良的股票，容易受到主力的重视，拉升股价也比较得心应手。盘子大的股票，对主力实力的要求比较大，建仓和拉升股价等股票操作环节所耗费的时间也比较长。

（1）1~5亿的流通盘：股价的波动幅度很大，很多时候都是游资在其中活动，大的机构一般情况下不会碰这种盘子很小的股票。如果主力想要拉升这种股票，只要几天的工夫就可以拉到位。

（2）5~10亿的流通盘：股价的波动会比较大，只要题材合适、市场走向好，短时间的拉升幅度会很高。但是主力即使买入也不会介入太深，因为这种小流通盘的股票，主力之间的竞争会比较激烈，不容易获得较好的收益。

（3）10~15亿的流通盘：这种盘子的股票，就有可能存在大机构的操盘了。大盘好的时候，股价可以在行情启动后有不错的涨幅。

（4）蓝筹股：大的机构投资者是蓝筹股中的主力军。因为蓝筹股流通盘动不动就有几百个亿，普通投资者即使买入股票，也绝不能控制股价的走势。只有主力资金才能使这样的股票有比较大的波动。通常蓝筹股上涨的时候，大盘走势都是明确向上的。

依据流通盘选股的时候，超级大盘股和超级小盘股还是不要介入。流通市值过于小的股票，没有主力资金的操作，很难形成大的趋势性行情。而像工商银行这样的超级大盘股，又不大可能有过高的涨幅，所以也是不宜购买的。

第五节　各种选股的理念和方法

一、"金融大鳄"索罗斯的选股战法

引发 1997 年亚洲金融危机的"金融大鳄"索罗斯，利用他独特的投资理念赚取了巨额的财富。以下的这些投资理念，股民应该记在心中。

1. 耐心持股赚大钱

中国的股市换手率是比较高的，高换手率的背后是股民浮躁不安的情绪。股民们普遍急功近利、没有长期投资的远见卓识。牛市当中，手中股票换来换去；熊市当中畏手畏脚不敢购买股票。正是基于此，国家才没有放弃使用政策手段不断影响股市涨跌。索罗斯本人就是善于忍耐的投资家。1985年美元兑日元大幅贬值后，索罗斯认为随着美国经济恢复性增长的加快，美元兑日元将有进一步上涨的空间。这样他在美元兑日元的多头下了很大的仓位。直到10年后的1995年，美元兑日元上升到10年来的最高点位，由此赚取几亿美元的利润。

2. 敢于承认错误

在股市中很少有人能够真正地做到这一点：敢于认错，有错就改。一般人都是股票赔了钱，要么怨天尤人，要么给自己找借口。索罗斯则不同，犯错的时候，他努力找出错误的原因，并且努力改正。1997年他预测日本股市将会崩盘，而将数十亿美元的资金撤回到华尔街。这次崩盘首先发生在了华尔街。后来日本也发生了崩盘，只是时间在华尔街之后。索罗斯猜对了崩盘，但是对于时间判断有误，即便这样他也向自己的部下承认了错误。

3. 不要相信股评家的话

有股票市场的地方就有股评家的存在。中国这样的股市，虽然不是很成熟，但股评家充斥在众多类型的媒体当中，本身不炒股却谈论股市，还要给投资者提建议。而索罗斯从不相信股评家的论调，只以自己的分析判断作为投资的依据。只有靠自己的准确分析获得的收益才能持久，才能够带来滚滚财源。

4. 尽力走在其他投资者的前边

股票交易当中反应速度直接决定了投资的成败。投资时需要很强的预测能力，在趋势来临之前就能发现并且掌握它的运行轨迹，而不跟着别人后边买股票。索罗斯就是有这种能力的人。他在很多时候都可以走在别人的前边。例如，1972 年他预测美国石油和食品危机，因此购买了股票，一次就赚到巨额财富。

5. 不把盈亏本身看得很重

股市当中只要买卖股票，就会存在资金的盈亏问题。如何正确对待盈利亏损呢？这需要很好的心理素质。索罗斯也看中金钱，但是他从来不把赚钱当做自己人生的真正目的。他认为赚钱只是一种必要的手段，通过赚钱可以做一些其他的事情。索罗斯也有过赔钱经历，而且赔了不少。但是他从来不把赔钱本身放在心上，而是检查自己的投资策略究竟错在了哪里，以后如何来改正这些错误。

6. 炒股不是赌博，股市也不是赌场

股市具有的投机性让很多人都把股市当做赌场。他们认为股市投资就是赌博，赌对了股票就赚钱，赌输了就认赔出局。股民根据股评家的分析、指数走势分析、消息人士的秘闻等来买卖股票，买对了就赚大钱，买错了就亏本。索罗斯则认为："股市不同于赌市，两者的运行机制和对应的操作手法完全不同。一些将股市当做赌场的股民自认为挣了一些小钱，但是真正的亏损会让他们血本无归。赌场中的游戏需要很大的运气成分，而股市当中则不然。股民必须时刻关注市场中价格的动向，同时也要关注市场之外的经济发展状况、政治形势、突发事件的变化情况，并且对这些影响因素进行基本的分析研究，评价对股市的影响方向和程度。

二、"潇洒一生"林奇的选股战法

彼得·林奇在担任麦哲伦基金经理期间，用了 13 年时间（1977~1990年）使麦哲伦基金管理的资产由最初的 2000 万美元成长到 140 亿美元，年

平均复利回报率达到 29.2%。林奇本人也因此成为"历史上最传奇的基金经理人"。

林奇的投资策略众多，这里就只透过他的"十倍选股策略"做一下说明。

林奇认为投资者可以利用自己的优势发现属于自己的"十倍牛股"。"十倍牛股"的选股地方就是从家附近开始找起，如果没有就去超市、自己的工作场所去找。牛股就在你的视线范围内，而不一定在很远的地方。

"十年赚十倍"赚的是长线牛股的钱。这也是林奇投资方法中的第一法则。这个法则当中强调了买股和卖股都是同等重要的。林奇认为之所以把"十年赚十倍"放在首位，是基于以下的考虑：

（1）"十年赚十倍"是一个长期的投资计划。因为是长期的投资计划，这样就与短期的投机区分开来。投资者在选择股票的时候就更加看重公司基本经营情况和经济状况，而不是更多关注股价的涨跌情况。

（2）"十年赚十倍"利于公司的长期稳定发展。资本市场投资的长期性会使股价波动趋于平稳，有利于上市公司利用证券市场进行融资活动，促进公司平稳较快发展。

（3）"十年赚十倍"虽然涨幅惊人，但是有利于个人投资者同证券市场一同发展壮大，分享资本市场给上市公司和股民带来的好处，有利于股民和上市公司实现共同盈利。

（4）"十年赚十倍"的投资理念，要求投资者在选择股票的时候细心，使股民选股的时候有利约束力，投资更容易获得成功。

市场中不缺乏十年赚十倍的牛股，只要我们想要就能够找到。例如，那些周期性行业处在低迷时期的股票，由于各种原因被市场忽视的股票，短期经营不善亏损的股票等。

三、"不惧高价"奥尼尔的选股战法

奥尼尔是世界上少有的股市天才。他选择股票的特点就是喜欢高价股票。经过他多年的研究总结出一套有效的选股方法：CANSLIM。通过这七个字母总结出的股票，很有潜力成为大涨的牛股。这七个字母所代表的含义如下所示：

C：当时一个季度股票的净收益。大涨之前的股票在当时一个季度的每股收益一定是大涨的，至少是 70%以上的水平。这是牛股上涨的前兆。

A：每股收益增长率。优质股票在大幅上涨之前，过去五年的平均收益增长率应该达到 25%以上，而且每年都有所上涨，这样的话公司盈利才有连续性。这样的股票具备大涨的潜力。

N：公司经营推陈出新。上市公司当中出现了新的管理者、推出了新产品、公司盈利手段更加多样化、股价创了新高等。对于高价创新高的股票，投资者经常是对其望而却步，越涨越不敢买，在股价跌的时候，越跌越买。但是市场经常跟投资者开玩笑，往往股价是"高者恒高，低着恒低"。

S：供给与需求。目标公司的流通股本不能太大。一般情况是机构投资者更喜欢大公司的股票，对于流通盘小的公司很少过问。但是恰恰如此，有出色表现的小盘股比大盘股的表现要好得多，所以选择股票要尽可能地在小盘股中选择。

L：能够领涨的龙头股。领涨股票在后期的涨幅比弱势股要强得多，下跌的时候也比较抗跌，因此选择领涨股票意味着更多的收益。

I：获得机构认同的股票。机构投资者具有先天的资金优势，而资金又是推动股价上涨的动力，如果能够得到机构认可的话，股价的涨幅就会很大。机构投资者的参与程度也不宜过高，集中在一两家机构投资者是比较合适的，这样有利于股票价格的拉升。

M：指数的涨跌情况。指数的涨跌情况对于个股走势的影响是很明显的。一般指数涨的时候，绝大多数股票都在上涨，指数跌的时候，绝大多数的股票也都会下跌。这样来说，根据指数涨跌选择入市的时机就很必要了。尤其在熊市当中，大盘恢复上涨的时候一定要有成交量的配合，不然涨幅不会太大。

四、"极端吝啬"巴菲特的选股战法

巴菲特于 1930 年 8 月 30 日出生在美国内布达拉斯加州奥马哈市。毕业于哥伦比亚大学金融系的他凭借长期持有股票，独到的价值投资理念，将一个即将倒闭的企业——伯克希尔哈撒韦变成了一个账面价值年复合增长率20.3%的超级大公司。就是这样一位伟大的投资者，对自己真正的选股策略秘而不宣。假如哪位投资者想要了解巴菲特的投资策略，必须花上百万美元请他吃顿饭，那样的话就可以对他盘问一番了。

在这一点上巴菲特可以说是极端吝啬的了。

那么是什么样的选股策略让巴菲特如此成功呢？巴菲特选股时不去看股价的涨跌幅度，不去担心经济形式的变化，而是以买入一家公司的心态去投资而不是投资股票本身，也就是按照企业投资法则进行投资。企业投资法则具体来说有四个标准：公司标准、经营标准、财务标准、市场标准。

1. 公司标准选股应符合的要求

（1）公司是可以被自己了解和熟知的。巴菲特在选择股票的时候从来都是不熟不做。对于自己不熟悉的行业，不会轻易地买入。

（2）公司的营业历史比较稳定。历史上经营稳定的公司，一般在今后能够复制从前的盈利水平。这样的公司发展比较稳健。

（3）公司的发展前景要非常好。良好的发展前景加上公司优秀的管理水平会创造出相当有潜质的公司来。

2. 经营标准应符合的要求

（1）公司管理层做事情是足够理性的。理性的管理者不论在什么时候都会以公司的利益为重，不会做有损公司利益的事情，从而有利于公司的长期稳定发展。

（2）管理层对股东是很坦诚的。坦诚的公司管理层会正视公司业绩的亏损，正确披露公司的各项财务指标。

（3）管理者不会盲从于其他公司的管理者的行为。善于另辟蹊径的管理者可以发现市场中不被人知的利润点来，为公司创造出更多的收益。

3. 财务标准应符合的要求

（1）股权收益率比较高。目标公司的股权收益率应该大于市场平均值。5 年内的加权平均股权收益率应该大于 15%。

（2）自由现金流量比较大。现金流的大小直接关系到公司是否有能力偿还短期债务，能否维持正常的经营活动。特别是在经济不景气的时候，融资比较困难，企业要想发展，有足够的现金是非常必要的。

（3）公司的毛利率比较高。毛利率较高的公司，说明其产品适销对路，竞争力强。上市公司所在的行业具有发展空间，也是毛利率高的原因之一。

（4）公司利用单位收益创造出单位收益以上的市场价值。这样的公司业绩好，可以用少量的投资为公司创造更多的收益。

4. 市场标准应符合的要求

（1）弄清楚公司的真正价值是什么。每个公司都有自己独特的东西，在公司价值上也不例外。弄清公司的真正价值所在，也就弄明白为什么要投资该目标公司。在公司发生短时经营困难的时候，只要公司还具备投资价值，就应该相信公司会渡过难关，投资者自己也可以获得相应的投资收益。

（2）能否可以用相对便宜的价格购买到目标公司的股票。投资一个公司同做买卖一样，用便宜的价格买到更好的商品，将来销售的时候才能为自己挣回更多的钱来。购买目标公司的股票也是可以获得超额收益的。

五、"大投机家"科斯托拉尼的选股战法

安德烈·科斯托拉尼于 1906 年出生在匈牙利，13 岁移居维也纳后，开始热衷于观察欧洲各国货币的变化。这也正是他绚烂人生的开始。在他 35 岁

的时候，赚取的利润就足够用一辈子的了。

1. 心理学造就 90% 的行情

心理学造就 90% 的行情是科斯托拉尼对股票市场走势的全面判断。投资者的心理变化在某些条件下是很难预测准确的。但一些经验丰富的投资者，在关键时刻预测股市的走势还是比较准确的，或者说是可以猜想股市走势的。在股市当中，尤其是那些"披着各种外衣"的概念股，其股价走势更是反映了投资者的心理变化，其股价根本不会跟随指数上下波动。概念股的涨跌完全随着投资者的心理变化而改变。

2. 群众是无知的

科斯托拉尼相信多数投资者是无知的。也许高智商的人做事情比较理智，但是将他们关在一个小房间里边时，他们也因为恼怒而不能理智地思考。经过认真选择后才买入股票的人，也会因为市场中看空的人卖空，自己也转而卖出手中的股票。这都说明股市短时间的走势中 90% 以上是心理作用的结果。上市公司和经济发展状况是左右股市长期走势的因素。

3. 傻瓜是很有价值的

科斯托拉尼相信利用别人犯错误的机会取得的收益更多，而自己靠能力赚到的钱会少很多。投资者可以从别人的失误当中获得收益。股市当中多数人是自以为是的，自认为判断准确无误。一旦行情逆转，又大肆地向相反的方向买卖股票，这样的结果是股价经常偏离公司的实际价值。这时候可以利用多数投资者的错误，买入廉价股票，等待获利。

第六章　操盘必读

第一节　操盘总体投资技巧

一、把握入市时机

入市时机的选择是关乎投资成败的大事，买股票前一定要研究市场所处的位置。分析市场是多头市场还是空头市场，并且要看市场处在多头或者空头的哪个阶段，针对不同阶段的市场特点，有针对性地选择入市时机。

（1）萎靡不振阶段：股价在长期的下跌过程中，投资者逐渐对后市失去了看多的信心，失去耐心的投资者早已经卖出股票，投资者离场观望的居多。没有业绩支撑的股票连续大跌后，已经到了跌无可跌的地步了，开始横盘无量整理。大盘股完成最后一跌，也开始盘整。这时候的市场成交量极度萎缩，股价裹足不前。但是有远见的投资者已经开始建仓了。

（2）绝地反攻阶段：股价经过长时间的低位缩量盘整后，多数已经到了跌无可跌的地步。而投资者当中也已经很少再有轻易做空的。这样在成交量的不规则放大中，股价也开始出现稳中略涨的局面。这个阶段的股价经常是由上市不久的破发低价股引领上涨。当然一些极度超低的绩优股，也开始上涨。

（3）大回抽阶段：机构投资者趁市场人气还没有完全恢复，开始打压股价并且趁机吸筹建仓。这时候投资者中一些短线客也因为不适应股价的上涨，而抛售手中的筹码，但是股价的最低点位已经被抬高很多。市场中呈现出明显的价跌量缩的特点。股价悬在了空中跌不下来，但也涨不上去。这个阶段是投资者买入股票，并长期持有的最佳时期了。

（4）强力拉升阶段：经过回抽后，市场中的人气逐渐好转，股票呈现出价增量涨的良好局面。看空的投资者忘记了下跌时候的套牢、割肉情形，大举进入股市开始做多。市场中的热点层出不穷，各种股票都接连上涨，并且不断刷新反弹的新高。众多上市公司开始增资配股，利用股市高涨的机会圈钱。这一阶段是机构出货，散户更换热点股票，不断获得收益的大好时机。

（5）获利回吐阶段：多数股价被不断地炒高，题材股想尽办法不断地拉升，市场获利盘过多，逐渐出现了获利回吐的现象。由于股价上涨过多，很多个股中庄家已经提前出货，但是在散户投资者的蜂拥下，股价被再次抬了起来。这个阶段中，不管是题材股还是绩优股都已经涨幅过高，有很大的抛售压力，庄家在这时也开始盘算着出货了。

（6）强弩之末阶段：之所以说是强弩之末，是因为这时股价已经有量无价（成交量放大，股价不涨）了。真正上涨的都是些被爆炒的题材股和平时不涨的冷门股。这时指数的成交量也放得最大，却没有再次创新高。说明个股当中已经有相当一部分被庄家抛售了，后市除了下跌没有其他出路了。投资者如果在这一阶段进入股市，风险是相当大的，股价极有可能不久之后就自由落体式地向下跌去。

（7）初始下跌阶段：大多数股票已经处于高位，庄家开始不断制造陷阱引诱投资者进套。机构投资者开始不断抛售股票，成交量相对变小，但是仍然高位运行。这一阶段是贪心的投资者开始被套牢的阶段，也是价值投资者退场观望的阶段。

（8）主要下跌阶段：这一阶段绝大多数股票都在持续不断地下跌，反弹都只是昙花一现。就连刚刚上市的新股在这一阶段也经常出现破发的情形。

成交量放大、跌幅扩大是这一阶段的最大特点。市场中悲观一片，投资者信心严重不足。这一阶段是任何投资者建仓都会被套的阶段。

（9）初次反弹阶段：股价急跌以后的第一次反弹，也就是被套散户选择出售股票的最后的机会。这时的股价反弹只是短暂性的报复性反弹，推高股价的都是些短线投机者和跟风盘，股价上涨后不久就会再次回落。这一阶段中，一般的投资者都不适宜抢反弹，也不适宜摊平持仓成本，最好就是逢高抛售股票，避免损失再次扩大。

（10）最后一跌阶段：股价在这一阶段的跌幅已经是很大的了，而且出现了很多跌破发行价格的股票。即使是新股也没能获得较好的收益。市场中除了套牢很深的投资者，几乎很少有人持股了。这一阶段正好是机构投资者加仓的绝佳时机。

投资者在清楚了牛市、熊市各阶段的特点之后，在下跌的时候不要死扛，在上涨前要提前抢筹，这样在股市中就会立于不败之地。当然要想选择好入市时机，仔细观察个股特点、针对不同股票选择适当的入市时机都是十分必要的。个股的入市时机有以下几方面：

（1）选择市场大环境好的时候入市，如国家下调存贷款利率，刺激经济发展。

（2）新股扎堆上市时候入市。新股上市、上市公司配股是最需要资金支持的。但是市场中的资金是有限的，众多新股上市必然抽走大量资金，这时市场由于资金不足而导致股价逐步下跌。投资者正好趁机购入价格便宜的新股或者绩优股。

（3）上市公司分红配股前入市。上市公司分红配股是给投资者最直接的回报，有了利益的驱使，炒作题材相应增加，股票走出"抢权行情"都是有可能的；而在除息除权后，相对较低的股价如果对应高成长性公司，则股价快速填权的可能性极大，在牛市中绩优股可能不仅可以填权，之后还可以继续上涨。

二、短线投资技巧

由于短线投资的操作时间比较短，资金周转快并且可以减小由时间延长带来的不确定性风险，因而受到了众多投资者的热捧。尤其是资金量小的散户投资者，更是对短线炒股乐此不疲。

不论是短线操作还是长线操作，投资者都要讲究一定的操盘原则，不能盲目炒作。

短线基本的操盘准则：

(1) 良好的心理素质、高效的资金管理和扎实的技术分析功底是成功短线投资的前提条件。

(2) 用较少的操作赢得更多的利润，这是投资者必须追求的目标。短线炒股必须做到操作要细心、持股要有耐心、买股要有决心、卖股要有狠心。

(3) 投资者不能够控制市场，但是一定要控制好自己。不强求每次都能够看准确，但力求每次都能够做对。

(4) 学会放弃没有把握的操作，只参与有获胜机会的股票操作。

(5) 短线操作是投资获利的方法，而不是投资的目的。短线操作的真正目的是不参与市场中不确定的股价走势和太多的市场调整。

(6) 学会止损是能够盈利的保证，不要让自己的损失连续扩大，不要让自己的利润停滞不前。

(7) 短线投资者要学会空仓，学会停下来休息，不为做单而做单。

(8) 不追求抓住每一只黑马，但追求抓住的都是黑马。

投资者有了自己的操作准则，还要有好的看盘要领。看盘不仅要明白市场的走势状况，更要抓住市场中异常的、不合常理的反应。

(1) 看涨跌幅排行顺序。价格是市场中四大要素（价格、成交量、投资者和时间）中最重要的一个。看市场状况，首先应该看价格涨跌状况。价格涨跌最重要的是看上证涨幅前八的股票。最强大的庄家一定会使股票站在涨幅排行榜前列，只有这样才说明市场的强势。

判断市场强弱的方法：首先，涨停股票个数应至少在五只以上，只有这样才能说明市场的强势特征。有实力的庄家才可以利用市场的强势，来大幅度地拉升股价。其次，看大盘的跌幅排行。跌幅排行榜更能说明市场中的弱势股有多弱，如果跌幅第一的股票都没有真正下跌，反而上涨了一点，那么市场强势特征就相当明显了。

（2）看盘中股价波动过程。有的股票在开盘的时候下跌开盘，而后巨大的成交量将股价连续拉高，盘中股价明显缩量整理。这种股票很可能就是庄家利用开盘机会强行打压股价，清洗浮筹。然后利用资金优势将股价迅速拉升起来。缩量盘整正是惜售的表现，投资者可以在盘整的时候买入股票。股价在尾盘拉升到涨停后，第二天多数是可以开盘冲高的。这样投资者在尾盘买入的股票，第二天开盘即抛售，相当于做了一次 T+0 的交易，资金利用率比较高。

（3）比较涨跌幅家数。例如，上涨家数 319 只，下跌家数 554 只，平盘家数 51 只，这样的市场就不能算是令人满意的市场，因为下跌与上涨家数量的差值就有 235 只，这样的市场若获利还是比较难的。

（4）看市场中的价量关系如何。良好的上升市场的价量关系应该是价格上涨，成交量也温和放大，价格下跌，成交量也相应地萎缩。如果股票的价量关系可以维持得相当好，那么这只股票的上涨潜力也是不错的。同样的，如果在股价下跌的时候放量，上涨的时候成交量萎缩，那么这样的股票最好是不要碰为好。

（5）不同市场间的联动关系。可以想象的是如果市场中大盘股与小盘股、绩优股和绩差股、上海和深圳、国内市场和国外市场都涨升一片的话，那么这就是个很好的买卖机会了。但是如果市场之间的走势相背离的话，短线投资者就要小心了。在看清楚市场究竟是空头市场还是多头市场后，再决定是否买卖。

好的看盘要领还要结合个股的短线机会，可靠的短线机会可以让投资者顺利获得相应的回报。市场中比较常见的短线机会有：

买涨停：涨停的股票说明庄家的实力相当的强悍，可以用资金将股价拉升到涨停价位。没有无缘无故的涨停，只有做了充分准备，股价才能被短时间内拉到位置。在涨停的个股中，多数股票在买入后是可以有一定的收益的。除非是那种庄家故意拉涨停给散户下套的情况。如果股票是在第一时间被拉到涨停位置的，成交量也是第一次放量就拉到了涨停价，这样的股票是比较可靠的。

买放量：在盘中股票有一定的涨幅、并且成交量放得比较大、股价上方没有什么压力的时候，当天股价继续上涨的可能性比较大。

买突破：股价向上突破后，在高位买入股票。股价突破最先在突破点以下蓄势下跌，然后在放量上攻突破压力位置，这样的突破就比较准确。

放量长阳线：放量长阳线一般都有庄家刻意打压股价，然后将股价拉升的意味。尤其是那些低开高走，形成放量长阳线的股票，更可能因为阳线的支撑作用而大幅度地上涨。

三、中线投资技巧

买入一只股票只需要一分钟，盈利却需要几个小时或者几天、几个月的时间，而假如被严重套牢的话，就不知道何年何月才能解套了。不管能否盈利，在股票操作上要有正确的方法，即使亏损也不会是很严重的了。

（1）高处看大盘：首先看的应该是大盘指数的点位，看指数在历史当中所处的位置如何。这样做的理由主要是，一般个股的走势与大盘的走势相关性非常高，有时候高得根本无法回避大盘的涨跌状况。在大盘所处位置比较低的时候，中线持股收益会是不错的。

如图 6-1 所示，上证指数在 2006 年初到 2007 年底的大牛市后开始下跌，指数一直跌到 120 日均线下方。通过查看历史上指数的位置，就会发现很少有过指数长期停留在 120 日均线下方而不反弹的时候。如果在这个时候持股的话，投资者可以中线持有股票。

（2）看平均市盈率：大盘的平均市盈率可以说明市场整体的估值水平，市场整体估值状况高低直接关系到买入股票的时机、中线持有的时间等。股

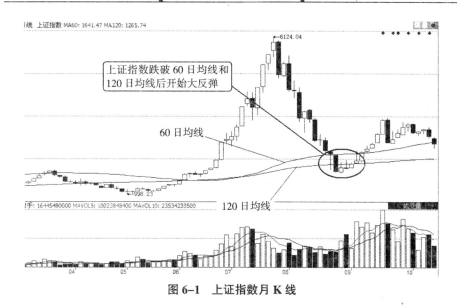

图 6-1　上证指数月 K 线

民中线持有股票要选择在股市被低估的时候进场，待市场估值水平相对比较高的时候再考虑减少仓位，或者卖出股票。当然卖出股票时必须先查看指数的走势，没有真正见顶前可以留一部分仓位继续持有。

市场正常的市盈率水平因国家、板块的不同而有所不同。像一些成熟市场（如美国）的平均市盈率经常是 20 倍左右，中国与之相比的话也不能太高，高得太离谱就有估值风险了。比如 2007 年牛市顶部的时候，市场的市盈率达 50 多倍，不管出于何种原因都不算低了。考虑到估值的问题，股票的下跌也是在情理之中了。

（3）在主升段持有股票：根据艾略特波浪理论，股票在主升段的涨幅是最大的，持续时间相对也比较长，适合做中线投资。投资者买入股票后，如果判断股票还没有到达真正的主升段的话，可以放心地持有股票。

（4）正确管理现有资金：炒股盈利与否有时看的就是资金管理水平，好的资金管理可以在别人赔小钱的时候，自己赚钱；别人赔大钱的时候，自己不赔钱或者少赔钱。首先，资金管理应该将自己的资金分成必要的几部分，如分成三部分：一部分用于持仓，一部分用于补仓，最后一部分用于其他股票的建仓。这样即使股票下跌也不会使资金全面下跌，还可以补仓降低持仓成本。其次，持仓部分的资金按照风险配比方法，买入对应资金多少的股票手数。也就是说，股票的持仓风险不同，所用的资金也不同，风险大的股票资金量少一点，风险小的股票资金量可以多一些。主要目的就是将风险控制在可控的范围内，减小资金的大幅波动。

（5）增强持股信心：中线操作股票，很重要的一点就是持股信心。因为中线操作的股票很长时间都会有超过50%的涨幅，当然翻几倍的可能性也是有的。这么高的涨幅不是短时间内就可以完成的。在股价漫长的波动过程中，看准后市、坚持持有，在很多时候都是最好的选择。而且中线持有股票，一般都是有价值投资的意味在里面，中长期的走势最能反映股票的价值了。善于等待的投资者会看到股票价值回归的那一天。

（6）学会换股：投资者买入的股票不可能完全都是大牛股，肯定会遇上那种不涨不跌的股票。这种股票"食之无味，弃之可惜"，投资者可以考虑换股操作。因为是中线操作，以后还要继续持股，最好选择替换那些基本面和技术面相差不多的股票。这样做的好处就是资金波动的幅度不会太大，也不会增加持仓的风险。例如，中国石油（601857）和中国石化（600028）就是板块相似、股价相似、流通盘相似的股票。

四、长线投资技巧

长线投资与中线投资类似，只是在选股的时候应该更加看重市场的状况，更看重公司的价值和成长性，持股的时候更加需要耐心，不要因为短时间的波动而抛售股票。长线投资也要注重资金管理，除了持股的资金外，还要留一部分资金用于补仓和摊低持仓成本。这样在遇到大盘有风吹草动的时候，也能够应对自如。不会因为短时间的下跌而造成很大的亏损，也不会错失每次加仓补仓的机会。

第二节 个股操盘技巧

一、短线个股操作技巧

（1）跟随趋势：做短线前一定要看大盘，因为大盘好坏直接关系到个股走势的强弱、涨跌状况。大盘持续下跌，则投资者应该坚决持币；大盘盘整或者小涨，则可结合市场中各个板块的涨跌情况，选择强势板块做短线。

（2）周期操作：大盘在一周中的涨跌情况是有一定规律的。一般周一的时候容易冲高。周二股价会是冲高回落的走势，所以买入的股票在周二上午一般就应该卖出了，以避免股价回落造成不必要的亏损。周三一般可以形成一周当中的最低价格，尤其是在周三下午收市前一个小时内，选择比较热门的股票操作应该是不错的选择。周四持股或者选择当天相对高的价位卖出比较合适。周五股市是最容易走弱的时候，因为临近周末，股价就要弱一些，市场人气也不足了。所以周五是比较适合加仓的时候，趁股价回落，可以选择当天下午买入股票。

（3）看量买股：股票在上涨时有比较大的成交量配合的话，都会有很不错的涨幅。在盘中选择比较强势的股票，然后将成交量同前几天比较。如果是放量上涨的股票，不必等到收盘的时候就可以知道当天的成交量如何。如果能够判断股价当天是大阳线，并且可以穿破上方多根均线的话，短线投资者可以大胆地买入股票。

（4）选时进场：开盘后一个小时是卖出股票比较好的时机，因为股价在这个时候容易冲高。十五分钟到半小时内股价震荡比较厉害，投资者最好先观望一下再介入。一天当中收盘前一个小时一般是进场的最佳时机，投资者可以选择在这个时候买入股票。

（5）赔钱不加码：做短线的投资者因为进出股市频繁，在很多时候很容易失去理智。比如在赔钱的时候，越赔越买，越买越赔钱，这样的话就陷入了恶性循环当中。倒不如亏损6%以上，在收盘前卖出一半的股票，这样可以避免更大的亏损，也是保住利润的一种方式。

（6）止损第一：投资者想要在市场中生存下来，必须学会在赔钱的时候止损出局。坚持死扛到底的短线客的结局一般不会很好。亏损10%的短线投资者，一定要止损出局，避免损失扩大。因为如果出现50%的亏损，想要回到未亏损的状态，就需要200%的涨幅。

（7）仓位要轻：短线投资者的最大的优点就是船小好调头、快进快出，来去自由。可以利用集中资金追涨停，也可以小打小闹看方向。但是如果重仓操作的话，那就大不相同了。一旦方向看错，重仓操作会带来很大的资金亏损。根据不同的风险承受能力，投资者可以有不同的仓位控制原则，但是总的来说，仓位控制在35%左右是合适的。

（8）精于选股：市场中股票鱼龙混杂，选择什么样的股票，是很有讲究的。投资者不能胡子眉毛一把抓，抓到什么是什么。这样做的结果一定是亏损出局。投资者最好自己准备一个"股池"，以便于以后操作的时候选股方便。

（9）持少量股：持股数量不能太多，太多的话容易分散精力，不利于投资者操作。持股数最好维持在一两只。持有两只以上就要慎重了，股票之间最好不属于相同的板块，免得行情不好时出现资金大涨大跌的共振现象。

（10）盈利出局：投资者在盈利的时候一定要学会放弃，不要在股价回落后再卖出股票。因为投资者做的是短线操作，既然是短线，那么股价的大幅度波动就在所难免，盈利亏损也是转瞬即变的。建议投资者可以按照10%、20%、30%、40%的止盈位置依次卖出股票的40%、30%、10%、10%，这样既保住了利润也获得了股价连续上涨带来的收益。

（11）学会等待：市场瞬息万变、牛熊互现。牛市的时候要学精于做单，善于持股；熊市的时候要学会等待，善于持币。这样做可以在牛市中获得更好的收益，熊市中避免不必要的亏损。尤其是在熊市当中，股价的真正底部是很难猜测到的，盲目抄底很容易被套牢。

二、新股短线操作技巧

新股最大的特点就是无人染指，只要主力拉升，就得放量买入股票，而放量的结果就是投资者可以看得一清二楚。这样选择新股的时候，投资者就可以根据技术指标了解主力的动向了。

1. 换手率分析

新股在上市之初，定价方面有很多的不确定性。上市首日股价的振幅也比较大。散户投资者在开始往往是以观望为主，不敢大肆建仓。如果主力看好某只股票并且有意建仓，会在开盘后一小时之内，突然买入大量股票完成建仓操作。

如图6-2和6-3所示，杰瑞股份（002353）上市首日分时图中，庄家在开盘后半小时即放量将股价拉到位，尤其值得一提的是当天的换手率高达76.15%，从图中看出当天放出巨大的成交量，并且当天形成了一个支撑明显的阳线。这样就决定了后市股价将会大涨。果不其然，第二天股价就跳空开盘，最终高开高走涨停10.00%。

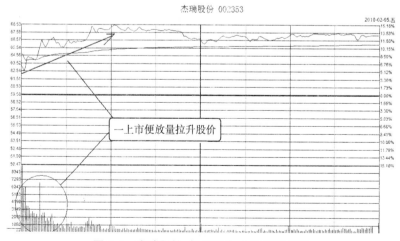

图6-2　杰瑞股份（002353）上市首日分时

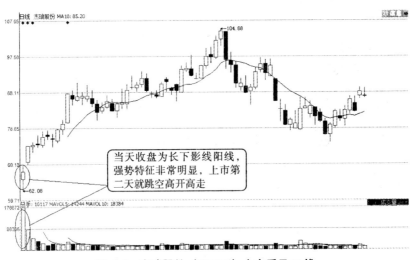

图 6-3　杰瑞股份（002353）上市后日 K 线

2. K 线形态分析

（1）放量长阳线：新股上市之初，庄家就能让股票放量低开高走，同时换手率也跟着放大，对于拉升股价一点都不遮掩。这种拉升方式证明了庄家心意已决，敢于动用大量资金拉升股价，这是非常明显的后市看涨的信号。如图 6-4 和 6-5 所示。

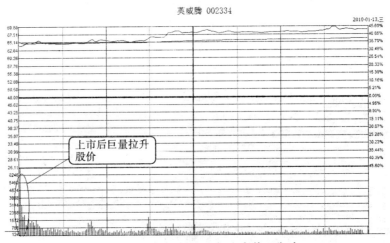

图 6-4　英威腾（002334）上市首日分时

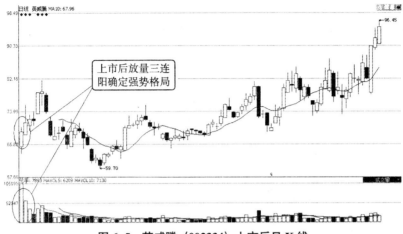

图 6-5 英威腾（002334）上市后日 K 线

（2）阳包阴形态：主力在开始的时候吸筹并不明显，但是转眼间就拉出来长阳线，并且有大成交量上配合，这种股票的后市是非常看好的。

如图 6-6 所示，二重重装（601268）上市当天收盘为小阴线，但接下来连续收盘为阳线，成交量和换手率也非常高，在以后的走势中，二重重装股价不断上攻，股价从上市首日收盘价格 8.15 元/股上涨到 2010 年 4 月 13 日的 11.90 元/股，涨幅高达 46%。

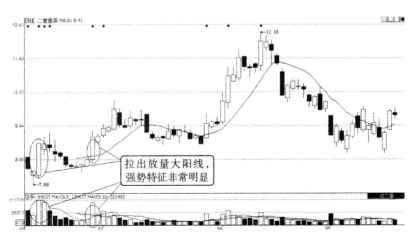

图 6-6 二重重装（601268）上市后日 K 线

（3）小阴线排列：小阴线排列说明股价有强势横盘整理的意思，庄家虽然被动吸筹，但是最终股价还是会以上涨结尾，后市股票还是看涨的。

如图 6-7 所示，海宁皮城（002344）上市后涨跌幅度越来越窄，最后干脆每天都收盘为星线。股价强势横盘不久，就放量突破开始不断向上拉升。

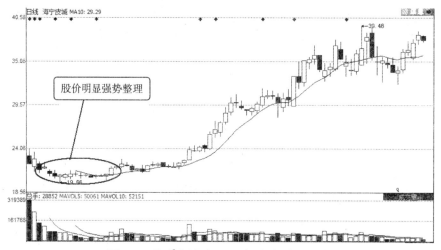

图 6-7　海宁皮城（002344）上市后日 K 线

买卖大单对比分析：通过分析一段时间内的买卖单大小（大单为 2000 手以上），可以判断股票是否有主力介入其中。新股上市首日，前半个小时是主力吸筹的重要时间。如果大买单的数量明显大于大卖单的数量，如大买单是卖单的 3 倍以上，就可知道庄家已经介入其中了。

第三节 综合操盘技巧

一、解套、补仓、控制仓位技巧

1. 解套技巧

（1）先买后卖解套法。当投资者明确后市将要上涨时，可以在股价的相对低点支撑位置买入一些股票（买入资金可以是被套资金的1/3），等待股价上涨到一定的高度后，再卖出股票。这样不断做低吸高抛的动作，就可以将被套的资金赢回来。当然在买入股票的时候一定要注意反弹的高度，很多时候不能指望股价一次就反弹到初始建仓价格，而是在股价上涨到一定的幅度后，才卖出股票。

（2）先卖后买解套法。当投资者明确后市将要下跌时，可以先将股票卖出一部分，在股票下跌到一个支撑位置时再买回来，这样先高价卖出，然后再低价买入，操作一段时间后亏损部分就能逐渐弥补回来了。先卖后买解套本身就是逆市操作，因此要十分注意操作风险，注意反弹的幅度。投资者还应该记住买股为了解套，不要出现未解套反而又被套牢的尴尬局面。

（3）摊低成本解套法。摊低成本解套要求投资者有足够的资金，可以不断在股价下跌的途中买入股票。其结果就是不断压低成本，直到成本足够低的时候，股价只要微涨就可以盈利。这种不断加码的解套方法也叫做金字塔解套法。使用这种方法的投资者首先在买入股票的时候，不能将资金全部投入其中，要留有足够的资金来摊平持仓成本。一般剩余资金应该是持仓成本的几倍甚至十几倍才有可能把成本降得足够低。

（4）调仓解套法。当投资者对所持有的被套股票失去信心的时候，调仓换股的方法解套也不失为一种好的选择。但是选择股票的时候一定要注意，不能再次买入一只下跌的股票，再次被套。再次买入的股票必须是那些强势股，短期内可以有不错的涨幅。如果越换越赔钱那就得不偿失了。

（5）持续买卖解套法。因为股价是不断波动着的，投资者可以不断买卖相当于被套资金的股票，通过赚取差价来消除被套的损失。比如，投资者有一手股票被套住了，可以先买入一手，等股价上涨之后，再卖出股票赚取差价。当然也可以先卖出股票，等股价下跌之后再买回来。这样多次买卖操作，就逐步减少被套的资金了。

2. 补仓技巧

（1）下跌幅度至少20%以上补仓。为什么这样说呢？因为如果股价仅仅下跌了3%就开始补仓的话，那么如果市场又下跌3%怎么办呢？因此轻易补仓只能让自己的资金再次被套牢。只有被套比较深的时候才考虑开始补仓操作。

（2）大盘企稳再补仓。大盘是反映市场整体涨跌状况的指数。如果大盘没有企稳，个股的上涨也只能是昙花一现，随后还会跟随大盘一起下跌。当然逆市上涨的股票还是存在的，但是毕竟是少数，多数股票在长期的熊市当中是翻不了身的。因此，在大盘稳定之后再补仓，风险就会小很多了。

（3）一定要补强势股。补仓就是要减小损失，或者说是要盈利。强势股的上涨比较明朗，更容易获得比较大的收益。而弱势股则不然，可能在大盘大涨的时候也不曾涨一点。

（4）不补涨幅过大的股票。涨幅太大的股票本身就存在抛压，虽然可能短时间还是强势，但是毕竟已经在高位运行了，庄家不可能长时间内部抛售而不获利的。一旦庄家出货，投资者就会陷入熊途中。因此投资者如果补涨幅过长的股票，再次被套的可能性就极其大了。

3. 控制仓位技巧

控制仓位是风险控制的一种手段。股票市场瞬息万变，股民可能有时会准确预测市场，但是长期来看，准确预测股市涨跌就不现实了。投资者都希望在股票上涨的时候重仓出击，下跌的时候又轻仓持股。但是没人会知道后市到底是涨是跌，因此在买入股票之前就应该计算好持仓的比例。

如何才能有效控制持仓水平呢？可以从以下两个方面来入手：

（1）资金分配比例问题。投资者通过资金的合理分配，可以做到股价上涨时多赚一些钱，下跌的时候少赔一些钱，股价再次下跌的话，还可以加仓，压低持仓成本，使得赚钱更容易一些。按照资金的分配比例不同，包括均等分配策略和金字塔形分配策略。

均等分配策略就是将资金按照大小平均分成相等的多份来买卖股票。例如，在买入股票、股价上涨到一定程度（可以是10%或者更高一些，但不能涨幅过小）后，可以先卖出一份股票。卖出股票后股价若继续上涨，等待涨幅和第一次相同的时候，再卖出一份股票。这样越涨越卖，直到手中的股票被完全卖光为止。假如买入股票后，股价就开始下跌，在下跌到一定程度（仍然可以是下跌10%，但是不能太小）后，可以买入一份股票。买完后股价继续下跌的话，等待跌幅和第一次相同的时候，再买入一份股票。这样越跌越买，直到手中的资金全部买完为止。

金字塔形分配策略：首先也是将资金分配成相等的份数，在股价下跌到一定程度（如10%）后，用持仓股票成本的两倍买入股票。买入后若股价又一次下跌，再用当时持仓成本的两倍买入股票。这样每次都是以持仓成本的两倍买入股票，只要股价上涨到接近每次买入股票的价位，股民基本上就不亏损了。金字塔的卖股与买股方法相反，只要股价上升到目标价位，就可以卖出持仓股票的一半，直到卖完为止。

以上这两种方法都是涨则卖，跌则买。投资者可以根据股价实际走势选择买卖方法。一般来说，如果股价走势呈现出矩形整理，那么选择均等分配买卖股票比较合适。因为沿着矩形上下波动的股票，涨跌的确定性比较强，只要高抛低吸即可获得可观的收益。相比均等地买卖股票，金字塔形买卖股票可以将持仓成本降得很低，而且可以使利润最大化。金字塔形买卖策略更适合股价涨跌方向不确定、风险比较大的时候使用。这样的话可以更好地降低持仓成本，有利于以后的盈利。

（2）分仓持股问题。不同的投资者持股的方式大相径庭。有的投资者喜欢将全部资金投入到一只股票上，就像押宝一样，押对了就赚钱，押错了可能赔得一塌糊涂。还有的股民将仅有的一点资金买入数量众多的股票，就像买指数型基金一样，大盘涨则自己也赚钱，大盘跌自己就亏钱。其实这两种持股方式都不适合资金量小的散户投资者。可靠的持股方法应该是以适当的比例持有几只股票。股票之间要有一定的区分，不要买相同类型（如同一题材、同一个板块）的股票，这样资金的波动才不会过大，市场之间的热点轮换可以保持投资收益的稳定增长。

总之，控制仓位还要和自己的操作方法结合起来使用。仓位控制得越好越可以得心应手、进退自如地炒股。当然资金状况也不要有太大的起伏，最重要的是市场好的时候收益率也会相应地提高。

二、抄底逃顶技巧

股市涨跌每天都在发生，每天也都会有相对的底部和顶部。有了底部和顶部以后，想抄底逃顶的投资者就多了起来，但是有多少人能够真正做到抄底逃顶呢？实际情况是寥寥无几。实际上还是有可能抄底逃顶的。

底部和顶部形成的原因无外乎三种情况：技术面变化、基本面变化和政策面变化。由于这三方面的原因，才使得股价不断处在上涨下跌中，形成重要的底部和顶部形态。

（1）技术面变化：股价在连续上涨或者下跌的时候，在技术层面上会表现出各种指标的超买或者超卖现象。如果超买超卖现象连续发生，就会有投资者开始逃顶或者抄底了。这时候股价的顶部或者底部就会出现像十字星、吞没形态这样的反转信号。还有就是量价背离现象也经常出现在底部和顶部位置。通常严重的量价背离和超买超卖现象不会持续太久，股价就会向着相反的方向运行。因此，股民只要注意观察技术指标的变化，就不难分辨出真正的反转信号了。

（2）基本面变化：主要是指宏观经济和上市公司基本面发生变化，引起了股票价格波动。宏观经济基本面是经济发展的大方向问题，这些因素都不是某一个投资者能够控制的了的。而且经济基本面可以影响几乎所有上市公司的盈利预期，不是说哪一个公司的事情。例如，金融危机这样的大事，全球经济都受到了冲击，而股市这个经济的晴雨表，不可能在经济下滑的时候不跌反而大涨。即使能够上涨也是不正常的，很难想象没有基本面的支持，股市会出现大牛市的情况。上市公司的基本面是影响个股的主要的因素。短期内的基本面变化可能不会使股票价格发生很大变化，但重大的利空或者利多的因素可以使股价大幅度地下跌或上涨。但如果这种基本面的变化不具有长期性，对股价长期波动的影响也是很有限的。

（3）政策面的变化：国家对经济的宏观调控以及对股票市场的调控都会很明显地影响到股价的波动。这种影响通常持续的时间都比较长，影响的幅度也比较大。例如，如果经济发展比较快甚至过热，国家就会开始逐步实施紧缩性货币政策，并且可能在未来一段时间开始加息。这时候如果 CPI 再不断高起，市场加息的预期就会更强烈一些。一旦加息势必将减小上市公司的业绩，反过来就会使股价下跌。国家直接对股票市场的调控手段中，增减印花税就是其中之一。而且每次印花税税率的变化都会使股票市场大幅波动。例如，2008 年 4 月 24 日，证券交易印花税税率由 3‰调整为 1‰，24 日当天收盘时上证指数狂涨 9.29%；2008 年 9 月 19 日，证券交易印花税税率又由双边征收改为单边征收，税率保持 1‰，19 日上证指数大涨 9.45%，22 日上证指数又一次大涨 7.77%。可见，国家对股票市场的直接调控在短期内的影响是非常大的。

不论是什么原因形成的底部或者是顶部，都可以分为圆形和尖形，或者说是快底、快顶和慢底、慢顶。

（1）对于慢底和慢顶：本身形成的时间就比较长，而一旦形成，会有加速下跌或者上涨的现象发生。这样在翻转来临之前，就应该在底部建仓或者顶部抛售一部分股票。反转真的发生时再完成抄底和逃顶的操作。

（2）对于快底和快顶：形成的时间短暂，投资者没有足够的时间来考虑，只能在股价出现反转的时候就立即买入或者卖出股票。这样才可以轻松获取抄底的收益和避免顶部的损失。

三、持股技巧

能够在熊市中买好股，而在牛市中会持股的投资者就能够获取巨大收益。持股虽然不像买股需要很多技巧，但是最终投资者能否获利还取决于如何持股。持股显然不单指长线持有，还有短线持有。合适的持有时间是不分长短的，只要能够持续获利，就可以持有，反之则需要尽快卖出股票。

能否按照自己的投资需要持有股票，重要的是要有好的持股心态。具备好的心态之后要看股票是否具备长期持有的条件。

（1）持有的股票是以折扣价买入的。折扣价格买入的股票安全边际比较好，长时间内都不容易跌破买入的价格，而且遇到牛市时，还很有可能大涨一番。若投资者买入的股票溢价很多的话，就要考虑到以后市场行情不好的时候，股票是否回归内在价值。特别是在熊市当中，有价值的股票表现在股价上很多都是不值钱的。

（2）股票具备很强的成长性。持股必须要挑选有成长性的股票，而且成长性越高越好。成长时间上也应该长于持有股票的时间。股票的价值就体现在预期收益率和实际收益率方面，预期股票的收益率高，股价也会相应地提高。

（3）产品独一无二的属性。公司销售的产品只有具备独特的属性，才能具有垄断优势。具备垄断优势的公司就会有保持或者提高股票价格水平的能力，相应的利润水平就会高位运行。这样的上市公司就像是投资者的赚钱机器一样，能够为投资者带来很好的收益。

（4）高位运行的毛利率。产品毛利率水平取决于产品的竞争力，也取决于上市公司的议价定价能力，能够持续维持高价位或者能够经常提价的公司其盈利水平一定不成问题，成长性也会很好。

持有的股票具备了这些优点后，持股的风险就不是很大了。投资者要做的就是不仅仅是看股价变化，还要看市场的变化、公司基本面的变化。通常在牛市当中持股是不必考虑太多的，只要不急躁就好一些。因为市场牛熊转换不是一蹴而就的，是需要时间来完成的，持股时间就可以放得长一些。而熊市当中买入的股票更不要轻易脱手，成长性好的公司会支持股价在一定的高位。倘若股价跌无可跌还在下跌，那就只有再次加仓买入了。

四、换股技巧

换股既是盈利技巧也是一种解套技巧，适当的换股可以减小亏损，并且相应增加盈利的机会。但是如果换股出错，也可能陷入越换越亏损的窘境。这样看来换股也是一门学问了，谨慎换股、理性换股会给投资者带来不小的利润。下面就是换股的具体方法：

（1）将"滞涨股"换成"快速上涨股"。不是每只股票都能在大盘启动的时候开始上涨，只有受到大资金推动的股票才能有短时间内冲高的潜力，对于那些弱势滞涨的股票，投资者应该尽早抛售。这样才能领先大盘一步获得收益。因此，将"滞涨股"换成"快速上涨股"就显得尤为重要了。

（2）将"强势股"换成"强势股"。上涨速度比较快而且涨幅比较大的股票，主力完成主升段的拉升后将进入盘整阶段。这时候换成其他的刚刚进入拉升阶段的"强势股"，会获得更多的收益。

（3）"强势股"换成"弱势股"。在大盘启动初期，"强势股"往往早已经调整完毕，就等着庄家拉升了。当强势股在庄家完成强势拉升后，股价也就几乎涨到了顶部，庄家在顶部出货是必然的选择。这时的强势股已经不能够给投资者带来利润，却会让投资者遭受损失，换股就势在必行了。换成什么股票呢？换成涨幅不大的"弱势股"，这样的股票在后市还有上涨的空间，因为在大盘启动初期没有获得主力的认可，所以涨幅才不是很大。

（4）将"被抛弃弱势股"换成"大资金进入的弱势股"。股票上涨接近尾声的时候，出货是庄家的唯一选择，那些被"抛售的弱势股"也只能以下跌结束牛市行情。当然还有些股票在大盘上涨的时候不被看好，但是在后期又重新受到资金的追捧，重新获得上涨的机会。投资者将"被抛弃的弱势股"换成"大资金进入的弱势股"就可以"弱中选优",再次获利。

投资者换股的时候也不能太盲目了,一定要遵循一定的原则。

(1)换股要看重成交量变化。上涨初期放很大成交量的个股,说明有主力积极建仓,后期的涨幅会相应比较大。没人关照的个股就最好不要碰,因为除了机构,散户很难将股价拉到很高的位置。

(2)换股要看换手率变化。底部放量并且有相对活跃的换手率,股性也是比较好的,这样的股票经常是大资金关注的对象,后市上涨的潜力是非常大的。

(3)换股要看股价。低价股不一定有很大的上涨潜力,但是下跌的幅度一是非常有限的。一旦获得主力的认可,低价股更有可能成为大牛股。特别是从高位下跌下来的低价股,距离套牢盘比较小,拉升时抛盘压力比较小。而有些高价股本身就存在估值过高的问题,因此不宜购买。

总之,换股操作就是在市场中的冷热股票之间进行转换,买入上涨中的股票,卖出下跌中的股票,这样就可以远离亏损,获得股价增值的收益。

第四节　西方常用技巧和理论

一、波浪理论及其对投资的指导作用

艾略特(RaLPH Nelaon Elliot,1871~1948)曾经是专业的会计师,在他中年染病休养的康复时期,他创造出自己的股价波浪理论。

波浪理论:股价的波动与在自然中的潮汐现象极其相似。在多头中,每一个高价都会是后一波的垫底价;在空头中,每一个底价都会是后一波的天价。如果投资者能把握股价波动大势趋向的话,不必根据股价很小的波动频繁进出股市,而是随着大趋势一直做多或者做空,这样既可以在大趋势中赚大钱，又可以在小趋势中规避风险，如图 6-8 所示。

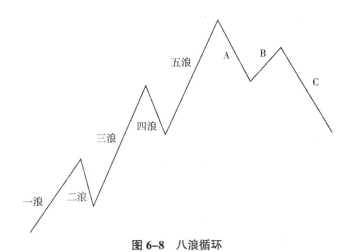

图 6-8　八浪循环

1. 波浪理论中八个浪的特点

一浪，股价从底部开始上涨的初期，只有小部分投资者先知先觉，意识到了上升浪的来临，还有很多投资者痴迷于做空的操作。因此股价在第一浪中通常是在为以后的上涨蓄势。这样在股价上涨到一定高度的时候就遭受了抛压而开始下跌，这样下跌的第二浪出现了。

二浪，第二浪的下跌幅度一般是比较大的，因为许多投资者还没有开始看多市场，继续抛售股票。但是随着下跌幅度的收窄，成交量的萎缩，更多的投资者从做空转为做多。随后股价在第二浪底部出现了像十字星、大阳线等反转信号，股价即将再次上涨。

三浪，第三浪在实际走势中都是主升段的一大浪，因此，股价在第三浪中的涨幅也是最大的。在股价上涨过程中有成交量的配合，可以不断延续上涨的趋势，这些小的上涨趋势就是许多的小浪，小浪组成了第三浪这个主升浪。

四浪，第四浪是第三浪的调整浪，调整的幅度不应该低于第一浪的浪顶部位。第四浪调整结束的时候一般是以放量突破三角形等整理形态为突破口。投资者可以在形态即将结束的时候考虑做多。

五浪，在波浪理论中，第五浪是继一浪、二浪之后的第三大推动浪了。这时候，市场人气也是最为高涨的时候，多数投资者看多后市。股价经常在第五浪中被不断地推高，但被推高的同时经常又是股价下跌的开始。

A浪，就像开始上涨的一浪一样，投资者还沉浸在上涨时候的五浪当中，没有意识到股价即将下跌。这样A浪的下跌幅度一般也不会太大，只是短时间的小幅度调整。A浪在走势上通常会比较平坦一些。

B浪，在走势上B浪通常像个小反弹一样，众多的投资者还热衷于看多市场，但是却被空头陷阱所笼罩。B浪中成交量萎缩，成交量不能配合股价继续上涨，股价接近下跌的边缘。

C浪，由于B浪的上涨受阻，使得多数投资者意识到了下跌即将来临，多头市场已经变成空头市场，股价开始步入熊市当中。在C浪中股价处于明显的下跌趋势当中，下跌幅度是非常大的。

图6-9是华电国际（600027）周K线八浪循环波动图。从图6-9中可以看出有明显的上涨五浪：一浪、二浪、三浪、四浪和五浪；下跌时候有三浪：A浪、B浪和C浪。

图6-9 华电国际（600027）八浪循环波动

2. 波浪理论的四个基本特点

（1）股票价格是轮番上涨的，涨升浪和下跌浪交替进行。

（2）上涨浪和调整浪是价格波动的两种最基本形态，上涨浪可以再次细分为上涨的五浪，而下跌的浪又可以再次细分为调整的三浪。

（3）时间不会改变波浪的基本形态，股价仍旧按照八浪一个循环那样发展。波浪可长可短，最重要的形态一定不会变化。

（4）波浪的上升五浪和下降三浪全部完成后，股价波动才会进入到下一个八浪中去。也就是说"八浪一循环"。

二、黄金分割理论及其对投资的指导作用

先看一组神奇的数字：1，2，3，5，8，13，21，34，55，……

这一组神奇的数字系列是由菲波南希于 13 世纪发现的，因此也叫做菲波南希数列。数列当中的 1、2、3 是基础数字，以后的数字是按照一定关系产生的无限个数字。数字之间的关系是：后一个数字是前两个数字之和，即 $3 = 1 + 2$，$5 = 2 + 3$，$8 = 3 + 5$，$13 = 5 + 8$，……简单的东西后边都蕴藏着深奥的道理。

黄金分割理论的最基本公式 $1 = 0.618 + 0.382$，它们的特点如下：

（1）相邻的两个数之和构成第三个数字。

（2）任意一个数字与其后一个数字之比，趋近于常数 0.382。

（3）任意一个数字与其前一个数字之比，趋近于常数 1.618。

（4）1.618 与 0.618 互为倒数，且乘积约等于 1。

（5）任意两个数字之和与后边相邻的两个数之和的比值，趋近于常数 0.382；任意两个数字之和与前边相邻的两个数之和的比值，趋近于常数 2.618。

上列奇异数字组合除能反映黄金分割的两个基本比值 0.618 和 0.382 以外，还存在下列两组神秘比值。即 0.191、0.382、0.5、0.618、0.809 和 1、

1.382、1.5、1.618、2、2.382、2.618。

根据以上两组黄金分割数据，可以得出两种股价的预测分析方法：

方法一：股价在近期走势中的相对重要的顶部或者底部，即最高价和最低价为基数。当股价下跌的时候，以最高股价为基数，跌幅达到一定黄金比率（如基数×0.809）时，则可能发生反转；当股价上涨的时候，以最低股价为基数，涨幅达到一定黄金比率（如基数×1.919）时，则可能发生反转。

方法二：当股价发生反转后——不论止跌回升还是从顶部下跌的反转——以股价走势中的重要顶部和底部之间的价格差为计算基数，将涨跌幅度按照 0.191、0.382、0.5、0.618、0.809 分割为五个黄金点位。股价在反转走势中很可能在这些黄金分割点上遇到阻力或者支撑。

图 6-10 五矿发展（600058）月线图中，股价从 5.13 元/股上涨到收盘价格 49.62 元/股后开始下跌。下跌受到支撑的黄金分割点价格是：49.62 × 0.618=30.70（元），49.62 × 0.500=24.81（元），49.62 × 0.382=18.96（元），49.62 × 0.191=9.48（元）。在这些分割点上股价明显受到了短暂的支撑，股价短时间内反转向上涨。尤其是在 0.618 和 0.500 位置，股价反弹的幅度是比较大的。

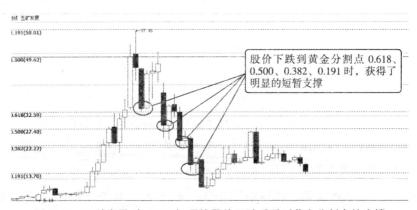

图 6-10　五矿发展（600058）月线股价下跌后受到黄金分割点的支撑

如图 6-11 所示，冠城大通（600067）月线图，股价在 4.06 元/股附近开始上涨到黄金分割点所在价位（25.10 − 4.06）× 0.809 = 17.02（元）附近受到明显的阻力而下跌。

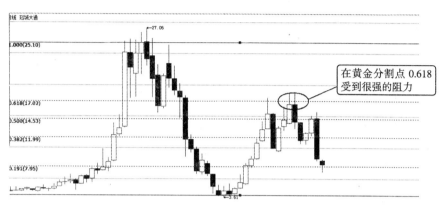

图6-11 冠城大通（600067）月线股价上涨到黄金分割点受阻

三、道氏理论及其对投资的指导作用

1. 价格平均指数反映一切市场变化

道氏认为股票价格平均指数可以反映所有影响股票价格的因素，包括经济、社会政治、突发事件甚至投资者心理变化等很多因素。因此，投资者无须考虑这些因素而只需要考虑股票价格平均指数就可以了。一句话：股票价格变化是市场所有投资者对股价综合影响的反映。

2. 股票有三个变动趋势

（1）主要趋势：股票价格的主要趋势一般反映在一年或者几年的时间，是股票涨跌表现出的长期趋势。股价的长期趋势指的是主要上涨趋势，即牛市；主要下跌趋势，即熊市。

（2）次要趋势：在主要趋势当中，有时候会在短时间内出现与主要趋势相反的走势，这种趋势就是次要趋势，是对长期趋势的修正。例如，股价在下跌过程中，出现的短时间内的上涨，但上涨的幅度不会超过股价顶部，上涨的幅度要比股价的顶部低一些，否则下跌就不是主趋势了。

（3）短暂趋势：经常出现在主要趋势和次要趋势当中，即股票价格的短时间的波动，持续时间一般为几小时或者几天时间。

3. 主趋势分为三阶段

第一阶段：股价在低位时，就有一些投资者预见到了股票的利空消息都已经释放完毕，上市公司经营环境和经营状况会有所改善，在这时开始买入股票，股价开始上涨。

第二阶段：经济景气度增大促使公司业绩明显好转，大量看多后市的投资者买入股票使得股价快速上涨。

第三阶段：股价上涨到一定高度后，看空的投资者开始增加，部分投资者开始卖出股票。随着越来越多的投资者卖出股票，市场进入熊市当中。

4. 各种平均价格相互验证

两个平均价格指应该具备相同方向的走势，否则趋势不会发生大的上涨或者下跌的走势。如果两个平均价格指数走势完全相反的话，那么股价还会沿着先前的趋势运行下去。如上证指数和深成指同时上涨的时候，上涨的趋势就会继续下去。倘若上证指数上涨，而深成指下跌的话，那么走势还会沿着本来上涨或者下跌的方向继续下去。

5. 交易量必须验证趋势

交易量是推动股价变动的根本原因，没有交易量的配合，不管股价是上涨还是下跌都是不可以持续的。在股价上涨的时候，交易量同时增加，那么上涨的趋势可以持续下去，倘若交易量下跌的话，上涨时间就不会太长；股价在下跌的时候，有交易量的配合就是可以持续的下跌趋势。

6.股票长期趋势（牛市或熊市）被确认后就会继续下去了，直到有另外一个趋势把这个趋势反转为止

7.道氏理论在指导长期投资的时候，有几个明显的不足之处

（1）道氏理论没有对股价的涨跌做出定量的判断，只能用来确定趋势方向，不能判断涨跌幅度。

（2）道氏理论不能对短期趋势做出判断，只能对长期趋势有效。因此，短线投机交易者不能依靠道氏理论来买卖股票。

四、亚当理论及其对投资的指导作用

正当 RSI、抛物线、PAR、摇摆指数等受到众多投资者好评的时候，美国人亚当——这些指标的创立者——又研究出来一套新的理论并推翻了自己以前的成果，这个理论就是"亚当理论"。

亚当理论的精髓如下：

（1）技术分析是有缺陷的，并且不能够准确预测股市涨跌。即如果技术分析能够预测股市的话，就不会有那么多善于技术分析的投资者在赔钱了。所以说股民在操作股票的时候，只能将技术分析指标作为参考，一旦炒股只靠技术，那么赔钱的机会就大增了。

（2）丢掉技术分析指标，顺势而为不可逆市而动。只要上涨趋势确立，不管股价有多高，都可以进场做多，因为股价可以涨得更高一些。只要下跌趋势确立，就要将股票全部卖出去，原因就是股价下跌的时候是深不见底的。

（3）不去判断股价的底部和顶部。在股价上涨或者下跌的趋势中，真正准确地预测股市的顶部和底部是不可能的，也是没有必要的。只要股价处于趋势当中，股民就可以从容地跟着趋势做多或者做空，只要趋势不发生真正的反转，依照原来的趋势买卖股票一定不会赔钱。

（4）在方向判断错误的时候，要坚决出局，不做与市场走势相反的操作，顺势而为。有些投资者即使判断错方向也要硬扛，等股价一次再一次的下跌，而不去平仓，这样做事是最危险的了。

（5）一定要有补仓的资金，不能一次将资金全部投入股票中。股价的波动是瞬息万变的，投资者在买入股票的时候，股价可能即将下探，股民如果没有剩余的资金，就没有办法买到便宜的股票。如果股民的资金一次性全部投入到股市当中去，股价一旦下跌很严重，投资者就会损失惨重。

五、江恩理论及其对投资的指导作用

威廉·江恩（Willian D.Gann）是 20 世纪最著名的投资家之一。他于 1878 年 6 月 6 日出生在美国得克萨斯州的路芙根市，父母是爱尔兰裔移民。他的投资成功率高达 80%~90%，并且用 50 年的时间从市场上赚取 3.5 亿美元的利润。

江恩认为投资者进行投资的时候，应该有一套自己的操作规则，并且跟随市场走势修正自己的操作手法。而在投资错误时应该明白如何处理头寸，使损失控制在最小范围内。

江恩理论通过对数学、几何学、天文学等的综合运用，建立起与市场无序状态对应的严格的交易秩序。例如，江恩时间法则、江恩价格法则、江恩线等。投资者可以用这些交易法则准确预测价格走势，寻找合适的买卖价位。

江恩的多年投资经验可以用循环周期理论来概括，这个理论是他多年投资经验的总结。

江恩理论重要的循环周期包括：

（1）较短循环周期：1 小时、2 小时、4 小时……18 小时、24 小时、3 周、7 周、13 周、15 周、3 个月、7 个月。

（2）中期循环周期：1 年、2 年、3 年、5 年、7 年、10 年、13 年、15 年。

（3）长期循环周期：20 年、30 年、45 年、49 年、60 年、82 或 84 年、

90 年、100 年。

10 年周期和 30 年周期都是江恩循环周期的重要基础。

其中 10 年周期被认为是股市再现走势的一个周期。例如，在股票指数出现历史低点时，10 年之后将会出现新的历史高点；同样在指数出现新的历史高点时，10 年之后将会出现新的历史低点。江恩理论认为股价涨跌的走势不会连续超过 3 年，3 年以后必定会有一次持续时间为 3 个月或者 6 个月的调整。

30 年周期之所以在江恩理论中占有重要地位，是因为 30 年可以细分为360 个月，这样就成为 360 度圆周循环，进行价格等分后正好可以得到江恩长期、中期和短期循环。

江恩把自己的理论用展开的图形（如圆形、正方形和六角形）进行描述。这些图形中都夹杂着市场的运行规律。可以说投资者只要能够理解这些图形，也就理解了江恩理论的时间法则、价格法则等理论。

除了以上的江恩时间法则外，还有一些常用的江恩回调百分比线，投资者是可以借鉴的：50%、63%、75%、100%等。这些百分比回调位置适用于短周期线图，如 5 分钟线图、1 小时线图、日线图，同时也适用于长周期线图，如周线图、月线图和年线图等。其规律如下：

（1）上涨或者下跌的价格会在 50%的位置开始调整。

（2）如果 50%线的位置没有调整，则会在 63%的位置开始调整。

（3）如果 63%线的位置没有调整，则会在 75%的位置开始调整。

（4）如果 75%线的位置没有调整，则会在 100%的位置开始调整。

（5）阻力或者支撑价位可能出。

（6）100%的价位可能根本不会回调，而是被轻易地穿破。

如图 6-12 所示，中原高速（600020）在下跌的时候，到达江恩百分比线 75%、63%位置的时候明显地受到支撑后回调。在 25%的江恩百分比线上，月线收盘时出现明显的长下影线，显然股价也在此回调了。

江恩给大家的买卖忠告：

（1）不管怎样，要在实际操作的时候设置止损点，避免将损失扩大。不

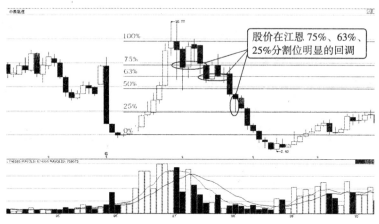

图 6-12　中原高速（600020）月 K 线下跌过程中的回调

设置止损点的时候，心里也一定要有一个止损的价位。

（2）尽量约束自己的买卖次数，不频繁地进出股市。

（3）盈利的时候一定不能亏损出局，保证利润是非常重要的。

（4）顺势而为，不要逆市而动。逆市操作的风险是非常大的，多数的情况会是亏损。

（5）对于亏损的操作不要加码，加码的结果往往是亏损扩大化。

（6）不要让价位高低成为买卖股票的理由：不因价位过低而买入股票，也不因价位过高而卖出股票。

（7）学会在市场方向不明的时候暂时离开市场，观望为主。

（8）自己每次的交易都有适当的理由，不要胡乱买卖股票。

第七章　买股必读

第一节　大盘中长期底部及共同特点

一、大盘的中期底部

大盘的中期底部一般的特点是下跌时间比较长、成交量极度萎缩、每个板块的跌幅都比较大、K线靠近长期的均线上方、技术指标背离等。具体表现如下：

（1）弱势下跌时间比较长：弱势下跌的时间长更能够给投资者换股的机会，只有股票充分换手后才能使获利盘出局，持股不坚决的投资者卖出股票，看涨的投资者投资者不断买入股票，股价才能在买盘的推动下见底回升。在牛市当中，形成中期底部大概要 10 周的时间，而熊市当中可能要 20 周以上。

（2）底部成交量萎缩：在大盘中期调整过程中，多数股票超跌严重，看空投资者逐渐减少直至停止卖出股票，而看多的投资者在场外观望不愿意提早进场。多空双方的同时缺席造成成交量极度萎缩。

（3）板块轮番下跌完毕：大盘不断下跌的过程中，每个板块都要经历几次轮番下跌，直到跌无可跌市场才有好转的可能。运输业等冷门股票涨幅接近尾声，再无热门股票可以挖掘，大量新股上市即跌破发行价格。就连前期看多后市的媒体也开始对后市持有悲观的态度。

（4）K线接近长期均线：大盘下跌时会不断地跌破短期均线寻找新的支撑，但是在见底前是不容易跌破中长期均线的。如大盘跌到 60 日均线的时候，通常会有企稳的迹象。

（5）技术指标出现背离：大盘在中期底部形成过程中，技术指标会提前见底并且企稳回升，也就是大盘走势与指标形成背离的走势。而 K 线也会在短期均线附近不断整理，直到底部形成之后突破短期均线为止。

（6）保险资金和社保基金大举进场买入股票：保险和社保一向是很看重风险的，对于股票投资更是更多地配置防御性的品种。大盘下跌的时候，这两个"国家队"却同时进场做多，说明市场的风险已经很小，股价即将见底。

二、大盘的长期底部

大盘的长期底部与中期底部有很多相似之处，只是在程度上有所加强，波及范围更加广泛。例如，大盘的长期底部经常会持续 1 年或者更长的时间，指数被拦腰截断，或者跌幅更大。成交量极度萎缩，只能维持前期上涨时平均成交量的 1/3 左右。

第二节　大盘中长期底部的综合研判

一、由成交量判断大盘中长期底部

在稳定上涨的市场中，成交量与大盘指数同时上涨又同时下跌才是良好的量价关系。大盘上涨成交量下跌、大盘下跌成交量反而上涨，这都是成交量与大盘背离的反映。长时间的背离走势，到最后一定会使股价走出反转形态来。

在大盘屡创新低的时候，平均成交量会从高位逐渐下跌到很低的位置，并且在以后的熊市当中维持这种比较低的平均成交量，始终不会有实质性的突破。大盘在熊途当中的任何反弹的走势，都只能让成交量短时间内放大。一旦大盘回落，成交量还会回落到初始下跌时的状态。但如果事实刚好相反，成交量可以放大到一个新的水平并且长时间内维持，大盘的反转也就指日可待了。

大盘在形成底部形态时，一般在前期有一段量价齐涨的走势。由于大盘短时间内的大幅度拉升，会吸引大量的投资者蜂拥进入。即使大盘再次回落，短时间内进入市场中的投资者也不会完全兑现利润。而场外的投资者见大盘有回暖的迹象，也会适当参与买卖。这样市场的成交量就相应地放大了。这样只要大盘平均成交量最小值不断提高，而最高成交量不但增加而且和大盘之间又能够保持一种同涨同跌的关系，那么大盘的中长期底部形态也就形成了。

二、由个股股价判断大盘中长期底部

大盘在不断下跌的时候，所有的股票都纷纷加入杀敌大军中来。而当大盘企稳的时候，是什么股票提前走出上涨的趋势的呢？那就是指标股、大盘股。

在 2007 年底到 2008 年底的 A 股大熊市当中，大盘初步见底是从印花税下调后不久才开始的。而当时的事实是印花税下调以后，像万科 A（000002）、中国石油（60185）、工商银行（601398）中国银行（601988）这样的股票在后市大盘见底的过程中根本没有再创新低价。而同期大盘却延续一段时间的下跌后才开始缓慢触底回升。

三、研判大盘中长期底部的要点

投资者在判断大盘底部的时候一定要从多方面考虑，不能以偏概全，不然很容易被再次下跌的股票套牢。处于底部的大盘不论从技术面、基本面还是舆论方面来考虑，都会表现出一定的特点，抓住这些特点就可以在大盘上涨之前进入股市，从而在大盘反弹的时候创造更大的利润。

1. 从技术面上看

（1）从跌幅和下跌时间上看：大盘指数在见底之前一定要有比较大的下跌幅度和相对比较长的下跌时间，这样下跌才会更加充分。指数经过大幅度下跌后，持股的投资者都是严重套牢或者是刚刚进入股市的投资者，这样的投资者都不会在大盘下跌的时候再次抛售股票。从上证指数的历史走势来看，大盘短期下跌时形成短期熊市行情一般在 6 个月时间是比较充分的下跌，而 1 年以上的下跌对于长期的熊市来说是比较充分的下跌时间。而从下跌幅度上看，指数向下调整 40%~50% 是比较充分的下跌幅度。

（2）从成交量上看：大盘在上涨的时候，投资者都会蜂拥进入股市当中。而一旦大盘开始下跌，投资者的投资热情就会迅速下降，投入股市的资金量就会大幅度地下调，本想再次进入股市中的资金也会减少。股市中资金量的一出一减在长时间内都不会恢复过来。股市中的资金量下跌到最高的 1/3~1/2 时，成交量再成功向上突破，达到熊市以前成交量的 2/3 以上，这一般都是熊市结束、牛市即将到来的前奏。

（3）从技术指标上看：熊市当中指数经过长期的大幅度下跌，各种指标也会长期徘徊在底部。当长期超卖的指标在底部发生背离，并且短期指标向上与长期指标相交（或者即将相交）的时候，也就预示着指数即将上涨。特别是在周 K 线和月 K 线当中，技术指标绝不会长期背离下去。技术指标向上调整的过程，也是指数不断积累上涨能量的过程，投资者应该密切注视指数的变化。往往股价的上涨都是在无意中完成的，在大多投资者绝望的时候，大盘可能已经涨上去了。

2. 从基本面上看

从市盈率上看：大盘全部股票的市盈率大小很能反映上市公司股价的溢价程度。市盈率过小的时候股票本身就很有投资价值，市盈率过大股价就可能存在过大的泡沫。当然股票市场不可能是一点泡沫也没有的市场，因此，股票价格不太可能降低到同每股收益相同的水平上去。成熟的市场市盈率在20倍左右是合理的，过高或者过低的市盈率都是不合理的。大盘的总体市盈率水平在10倍左右的时候，通常是非常值得投资的时候。当然市场的价格发现功能不会使股价的估值水平长期处在过低的位置，特别是中国这样高速增长的市场，股价相对高估一点是很正常的事情。如果市场总体的市盈率已经是降低到10倍左右的水平时，那么指数再次下跌的空间已经相当有限了。

3. 从舆论方面看

指数在牛市转为熊市的初期，会有很多的媒体报道关于抢反弹之类的文章。可是每次股价都没有多大反弹，一直处于下跌的大趋势当中。在指数真正到达底部的时候，舆论报道也就不再有抢反弹的说法，这时候恰好是投资者买入股票的最佳时期。牛市在进入尾声时总是以热炒结尾，而熊市在结束的时候总是默默地开始上涨。这是因为股市的长期下跌，已经使很多的投资者失去了看多的信心。即使是开始上涨，能够抓住大盘底部的投资者也是很少的。

第三节　个股中长期底部特征及研判

个股中长期底部同大盘底部有相似的特征。

（1）股价创历史新低，或者接近历史低位时，说明股价再次下跌的空间已经十分有限了。这里说的股票不包括新上市的新股。因为新股上市后，往往都会被恶意炒作一番，股价泡沫过大，下跌到低一点的位置也是很正常的事情。

（2）出现明显的技术形态作为支撑，如双底形态、V形反转形态、圆弧形底部形态等。在底部形态形成后，成交量放大、配合股价向上突破，股价底部已经确立。

（3）平均成交量放大。量价配合的股价上涨方式是很健康的上涨，后市是可以持续的。股价从长期下跌的趋势转为上升趋势，成交量放大是必要的，但是成交量的放大不能是短时间的放大，在上涨过程中成交量都应该维持在高位运行。只有这样的成交量配合才会有股价的长期上涨趋势。判断平均成交量大小可以参考均量线指标。

（4）股票放量下跌却跌幅很小。在股价下跌到底部的时候，股价已经跌无可跌了，再次的放量下跌只能是空方的最后一次能量耗尽，股价下跌幅度没有因为放量而放大正说明了股价已经见底了。下跌的空间已经不是很多了。

第四节　个股中长期底部形态及买点

一、双底（双重底）及买点

双底（双重底）：在下跌趋势当中，股价由于长时间处于加速下跌状态，得不到有效反弹。突然某一天加速探底后，股价开始快速反弹，但是时间不长就又下落到最低点的那个价位。这一次股价再次获得支撑后上涨，成交量也相应地放大了很多。股价涨到前一次反弹的最高价位。这时从K线形态

上看，就存在由两个股价低点形成的底部——双底（双重底），如图 7-1
所示。

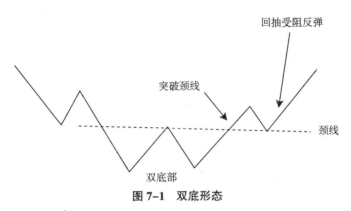

图 7-1　双底形态

当股价突破两次反弹的最高点（颈线）所在的价位后，双底（双重底）
就具备了底部反转的意义了。

1. 双底（双重底）的意义

股价下跌时间比较长，多数不坚定的投资者都已经卖出了手中的股票，
剩下持股的投资者中有很多是高价买入被套的，他们不愿意亏损卖出股票。
而场外投资者见股价创新低，在底部大胆买入，随之股价开始回升。但由于

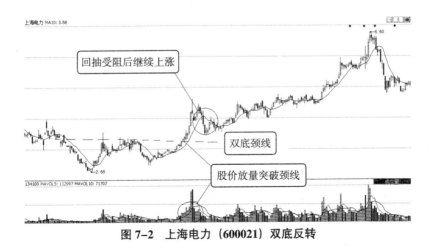

图 7-2　上海电力（600021）双底反转

被套投资者忙于解套，股价又被打入低谷，不过这一次场外投资者又把股价买涨了回去。在股价达到前期反弹价位的时候，投资者一致做多，股价开始突破前期高点接连创新高。这样双底形态宣告完成。

如图 7-2 所示，上海电力（600021）在 2008 年 11 月 6 日跟随大盘的反转，连续上攻并且在 2008 年 12 月 15 日创出反弹新高 3.56 元/股，之后股价上涨回落、下跌至最低收盘价格 2.94 元/股。第二次股价上攻的时候成交量连续放大，股价一举突破前期高点 3.56 元/股，之后股价回抽受阻。短时间内获得支撑后连续上涨步入了小牛市当中。

以上这个例子当中之所以反弹能够形成双底形态，与成交量的不断放大是密不可分的。有了成交量的不断配合，股价才能稳步突破颈线阻力。

2. 买股注意事项

（1）在一般情况下，股价突破颈线后的回抽是多数情况下都会发生的事情，股民可以在回抽的时候再行买入股票。

（2）股价在第二次上涨并且突破颈线的时候，必须要有适当的成交量配合，否则的话很可能是假突破。待股民买入股票后，股价又跌回原位置。这样的假突破也是很常见的。

（3）双底形态中的第二个底部比第一个底部要稍微的高一些，这是非常正常的。因为总是有一些投资者可以提前预见双底的形成，而早一些买入股票，使股价无法再次下跌到前一个低点。

（4）股价突破颈线上涨的幅度通常要比底部到颈部的距离大一些。

（5）即使两次上涨也不一定形成双底形态，形成多重底部也是有可能的，股民在心理上要有所准备。

二、双底的复合形态（三重底或多重底）及买点

三重底：三重底同双重底相似，只是多了一个底部而已。三重底形态也是在股价突破了颈线之后形成的，如图 7-3 所示。

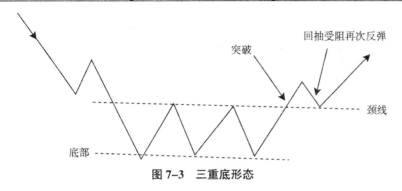

图7-3　三重底形态

1. 三重底的意义

股价在不断下跌创新低的过程中，吸引了一些所谓"价值投资者"的注意，他们认为股价的估值已经很便宜了，还有一些短线投机者也加入其中。这样在卖盘不足、买盘上涨的带动下，股价开始第一次的拉升。不过好景不长，股价在解套盘和获利回吐盘的买压下第一次回落了。不过在股价到达底部的时候，前一次没有买到股票的投资者利用这次回落继续买入股票，场外投资者的热情也高涨了，这两种买盘使得股价再次止跌回升。回升后的股票第二次遭到了卖盘的重压，股价重新下跌。在前两次下跌的底部，更多的投资者将股价重新买了回来，股价第三次上涨了。当伴随着大成交量的股价一

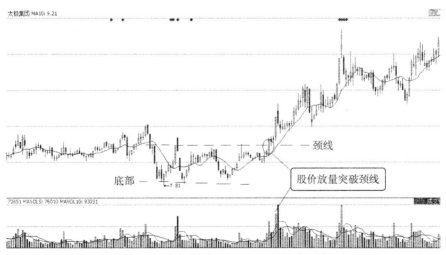

图7-4　太极集团（600129）三重底反转

举突破颈线的时候，完整的三重底反转形态就形成了。

图7-4太极集团（600129）在2009年8月初到10月底形成的三重底反转图。从图中可以看到，第一次股价开始反弹时，成交量明显放大了，而第二次反弹无量横盘整理后即回落。而就在股价第三次反弹时，成交量又有提高，同样是盘整了一下即放量突破颈线。此股的三重底形态就形成了。

2. 买股注意事项

（1）三重底的底部不一定要在同一价位上，一般第三个底部价格要稍微高一点。

（2）同双底一样，三重底的突破需要成交量的配合。图7-4中太极集团突破时候价量同涨，才造就了三重底。

（3）三重底形成的时间越长，作为底部提供的支撑越大，后市股价上涨幅度也会更大一些。

三、头肩底及买点

头肩底：头肩底和三重底的形态上很接近，只是头肩底的头部比左肩和右肩的价格要低一些。在成交量方面右肩最大，大于左肩、头部的成交量。左右肩部和颈线基本上是水平状态，如图7-5所示。

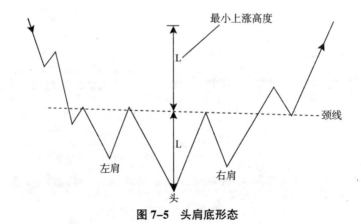

图7-5 头肩底形态

1. 头肩底的意义

头肩底形态也是在股价大跌之后，由于价值投资者和短线投机者的共同买入，股价开始第一次反弹，形成了左肩。但是解套股民和短线投机者的抛售使得股价再次回落到更低的价格。不过这一次有更多的投资者开始介入，使得股价第二次反弹，头部形成了。俗语说"好事多磨"，股价第二次反弹后又遭到抛售，不得不再次下跌。这次股价下跌又给了投资者再次买入的机会。股价在左肩的价位处受到强大买盘的推动，放量上攻，这样右肩就形成了。在即将到达前两次反弹高点（颈线）的时候，股价放量突破阻力，这样完整的头肩底形态就形成了。

图7-6江苏舜天（600287）是典型的头肩底形态。具备左肩、头部和右肩的基本技术形态。尤其在右肩那里，股价经过两次放量，而且第二次上涨是跳空上涨。有了缺口的强大支撑作用，股价开始顺利上涨。最后，股价回抽到颈线附近，底部头肩底形态得到了确认。

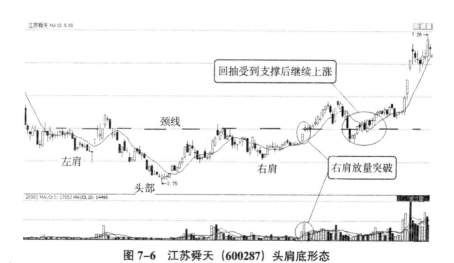

图7-6　江苏舜天（600287）头肩底形态

2. 买股注意事项

（1）头肩底的买入可以是股价有效突破颈线后，或者在股价回抽颈线的时候，当然无论哪种买入方法，前提都是三重底的支撑形态得到确认，这样风险才能得到控制。

（2）头肩底的反弹高度方面，可以近似认为是头部价位到颈线价位的大小。图 7-6 江苏舜天（600287）头部价位是 2.75 元/股，颈线价位是 4.53 元/股，理论上股价在右肩突破后可以上涨到 4.53 +（4.53 － 2.75）＝ 6.31 元/股。实际当中有效上涨到的价位是 6.60 元/股左右。当然很多时候涨幅并不一定这样准确，多数情况是涨幅比理论数值要大一些。

（3）成交量放大，配合股价冲破颈线阻力是最理想的状态，也是头肩底形态所必备的条件，投资者一定要仔细观察。

（4）在日线当中，可能不容易看出头肩底形态，可以将时间周期扩大（如周 K 线图）或者用收盘线来观察，这样可能更容易提前发现这种形态。

四、圆弧底及买点

圆弧底：股价下跌速度越来越缓慢，最后见底后沿着圆弧形状上涨。但是上涨的幅度并不大，股价创新高后，再次回落的地点也较前边的低位高一些。这样股价在低位不断抬高，而在高位又不断创新高的带动下走出了圆弧状反转形态。

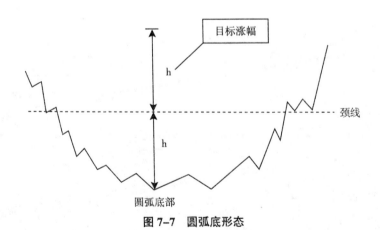

图 7-7　圆弧底形态

1. 圆弧底的意义

股价在空方的打压下快速下跌，多方虽然没有正式的进攻，但还是在股价下跌过程中不断买入股票。随着时间的推移，空方的力量不断减小，而多方力量却不断得到加强。当多空双方力量持平的时候，股价停止了下跌的趋势，转而上涨。多方采取了小步快跑的拉升方式，空方在多方的不断打压下，力量逐渐消失，股价上涨速度不断加快。最后股价冲破最开始下跌的位置，圆弧底形状形成了。

图 7-8 ST 珠峰（600338）的圆弧底形状中，有一个很明显的特点：股价从底部开始上涨后，成交量明显随之放大，在到达圆弧底颈线部位后，成交量配合股价突破上升。圆弧底形成后，股价的上涨速度非常快，投资者如若不立即买入股票，就会错失良机。

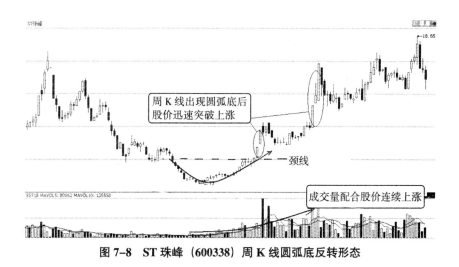

图 7-8　ST 珠峰（600338）周 K 线圆弧底反转形态

2. 买股注意事项

（1）圆弧底部向上突破颈线后，股价一般会小幅回探。股民可以在这个时候买入股票。激进一点的股民可以在圆弧底向上突破后即买入，当然在圆弧底没有突破前买入比较危险。是否买入，就要视投资者的风险承受能力而定了。

（2）圆弧底部是很不容易察觉到的，形成圆弧底的股票在长时间的缓慢上涨中涨幅又是很惊人的。因此，股民应注意观察下跌中的股票，在下跌中大盘企稳的时候，可以尝试性买入一些股票。

（3）如果股民认定了圆弧底的形成，在圆弧底部买入股票的话，要耐心持有。因为圆弧底形态形成的时间是相当长的，而其短时间内股价又不会有大的涨幅，坚持持股就是最好的选择。

五、V 形底及买点

V 形底：V 形底部由快速下跌和反转后快速上涨这两个明显的部分组成。下跌的时候不一定有成交量配合，但上涨的时候一定要有成交量的配合。底部股价反转处通常有明显的 K 线反转形态。

1. V 形底意义

市场中空方完全控制了局势，股价大幅下跌，而且没有停下来的迹象。但是当空方的力量消失以后，多方利用强大的资金实力将股价迅速拉起，股价出现了快速反弹的局面。股价反弹到开始下跌的位置时，K 线图上看正好形成了一个"V"形，就是我们所说的 V 形反转。

在图 7-9 合肥三洋（600983）的周线图中，股价经过长时间的矩形整理后，突破矩形整理形态，无量下跌到一低点。然后在买盘的强拉下成交量温和放大，股价 V 形反转开始了。在 V 形的颈线处成交量又一次放大，一举突破 V 形颈线（也是矩形整理形态的最高价位），真正的 V 形反转完成了。然后股价经过小幅度的回调即上升到新的高度。

2. 买股注意事项

（1）V 形反转重在反转速度要快，要做到这一点在股价的上升阶段就必须要有足够大的成交量配合才行。而且在股价突破颈线时，成交量要跟着放

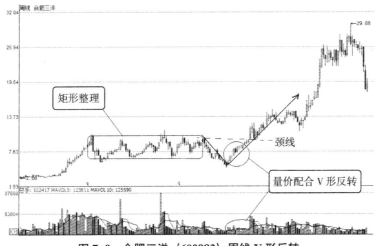

图7-9 合肥三洋（600983）周线V形反转

大。所谓"价涨量增"才是健康的成长，这样的股票才容易变成牛股。当然也有"价涨量跌"的股票，这种股票一般常见于庄家控盘严重的股票里边。

（2）V形反转的速度比较快，如果在上涨阶段回调幅度比较大、时间较长的话，一般都不是正常的V形反转，股民要努力规避这样的股票，在股票重新获得支撑后再行买入。

（3）V形反转在下跌时比较突然，下跌幅度比较大、持续时间比较短，这样才能催生出V形反转形态。一句话："短时间内充分下跌，造就V形反转。"

（4）股价在V形反转后，只要下跌没有突破颈线，V形反转的支撑作用就是有效果的，可以继续看多。但是在上涨的时候速度可能会有所变化。

六、底部岛形反转及买点

底部岛形反转：股票在下跌的过程中，突然某一天加速下跌，并且产生一个向下的跳空缺口。然后股价持续下跌几天后开始快速反弹，又再一次向上跳空上涨，这样在K线形态上就有两个处于同一价位，但是方向完全相反的跳空缺口。而下方的K线形态就像是被孤立的小岛一样，两个跳空缺口就

像是小岛周围的海洋，这种 K 线形态就是我们所说的底部岛形反转，如图
7-10 所示。底部岛形反转通常都是很明显的反转形态，小岛一出现股价一
般都会有反向的走势。

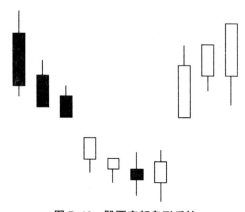

图 7-10　股票底部岛形反转

1. 底部岛形的意义

股价在下跌的时候，价格越来越低，跌幅也越来越大。很多投资者想卖
出股票又因为股价跌速过快，而没有办法卖出手中的股票。这样他们采取以
更低的价位在开盘集合竞价的时候卖出股票。于是股价向下跳空低开盘，收
盘的时候形成一个大缺口。然而事实上股价没有过度的下跌，反而在空头大
幅减少的情况下开始上涨。多头在短时间内开始反扑，重新将股价以跳空向
上的方式拉了回去。这样就产生了岛形反转，如图 7-10 所示。

如图 7-11 所示，长航油运（600087）2009 年 9 月 28 日突然跳空下跌，
在 K 线图上留下一个缺口，而 10 天后的 10 月 20 日股价再一次向上跳空，
成交量也相应地放大了许多。这样股价底部的岛形反转就形成了。岛形反转
向上跳空的缺口没有回补，说明缺口的有效性，对股价上涨有明显的支撑
作用。之后股价很长一段时间内都没有轻易地跌破岛形反转产生的向上跳
空缺口。

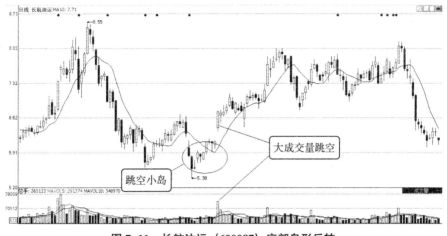

图 7-11 长航油运（600087）底部岛形反转

2. 买股注意事项

（1）底部岛形反转的第二个跳空缺口要有成交量的配合，才能使小岛具有很强的支撑作用。

（2）岛形反转向上跳空的突破性缺口，不应该轻易地就被封闭。如果缺口被封闭的话，后市股票是否上涨就很难说了。突破性缺口被封闭后，股价继续下跌时，应该及时卖出股票。

（3）岛形反转的两个缺口分别为竭尽缺口和突破性缺口，是股民过度抛售股票后又疯狂买入的结果。底部小岛中的 K 线组合换手率越高，越能够说明反转的有效性。

（4）底部岛形反转的最佳买入点应该是突破型缺口形成后，或者是在这个缺口被确认之后。

（5）不论是向下的跳空缺口还是向上的跳空缺口，在缺口没有被修补上时，就具有阻力和支撑作用。岛形反转的两个缺口是具有相互修补的作用，向上的突破性缺口将向下的竭尽缺口抵消，使得股价站稳在上升趋势当中，后市看涨。

第五节　几种中长期的 K 线形态及买点

一、南天柱及买点

南天柱：股价在长期下跌的过程中，突然有一天股价大幅度低开，但是整日里股价却没有弱势表现，而是大幅度回升。当天收盘的时候，K 线形态上是一个大阳线，而且收盘价同前一天的收盘价格相当接近。这根阳线就像股价底部的一根大柱子，因此叫做南天柱。

1. 南天柱意义

南天柱形态通常出现在股价底部或者上升途中盘整的底部。当天开盘的时候主力利用资金优势，使得股价大幅度的低开，但是股价却是高走，当天几乎是以最高价格成交的。说明有主力洗盘或者更换庄家的嫌疑。南天柱形成的当天的成交量和换手率通常是一起放大的，这样也证明了大资金在操纵着股价。南天柱是低开高走的形态，就像是阳包阴的包容线一样，多方占绝对优势。

如图 7-12 所示，恒丰纸业（600356）在 2009 年 11 月 11 日股价大幅度低开 -4.28%，但是当天股价低开高走，最终在收盘的时候大幅度上涨7.29%，距离涨停价格只有一步之遥。值得一提的是这只股票当天的成交量为 105597 手，是前一天的成交量 30194 手的 3.5 倍，换手率也达到 12.14%。

图 7-13 恒丰纸业（600356）分时图中显示股价低开后，大幅上涨，并且有很大的成交量的配合。这种"价涨量增"的上涨方式是相当健康的。

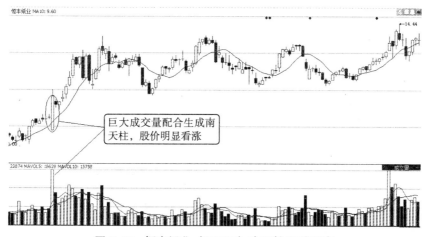

图 7-12　恒丰纸业（600356）南天柱 K 线形态

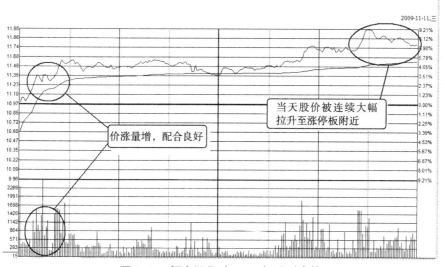

图 7-13　恒丰纸业（600356）分时走势

2. 买股注意事项

（1）南天柱是否能成为股价上涨的强支撑，要看当天的成交量是否足够大、分时图中成交量同股价配合是否良好。当然足够大的涨幅也是很必要的。

（2）在股价上涨过程中出现南天柱形态时，可能是主力故意而为之。主力的目的可能是利用低开的股价进行洗盘，然后再大买所有的被抛售的股票，将股票拉升至高位。

二、定海针及买点

定海针：股价在下跌过程中加速下探后，突然一天在股价收盘 K 线形态上为一个上影线很小、下影线很长的"剑形"形态，当天股价跌幅也很小。随后的两天里，股价没有继续下跌，波动幅度也越来越小。就在股民犹豫不决的时候，股价在第四天开始迅速回升了。

1. 定海针意义

在股票连续下跌的时候，相对的底部出现"剑形"十字星，说明多空双方的分歧加大了，股价是否再次探底将会有一个方向性的选择。正如所料的那样，股价在接下来的几天里站住了脚并且稳步回升。

如图 7-14 所示，宝钢股份（600019）在 2009 年 9 月 29 日形成定海针形态，股价微跌。在随后的 9 月 30 日再次形成近似"剑形"的定海针形态。

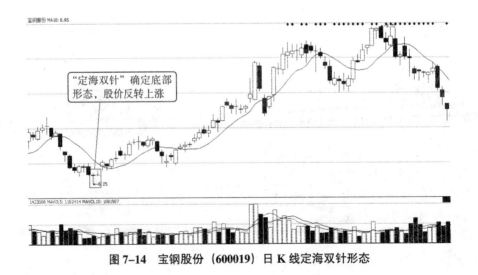

图 7-14　宝钢股份（600019）日 K 线定海双针形态

随着一对"定海双针"的出现，股价在国庆节过后开盘第一天（即 10 月 9 日）即跳空上涨，当天的股价也收出小阳线。可见定海针的支撑作用还是很大的，尤其是"双针"垫底，给股价重新上涨带来强大动力。

2. 买股注意事项

（1）"定海针"的下影线越长越能说明其作为底部支撑的作用很强。

（2）形成"定海针"的当天，股价的收盘价格应该在前一天的收盘价格附近，也就是说，股价在当天可以微跌，但是不可以大跌。

（3）底部"定海针"形态表示股价受到了支撑，第二天再次收盘为定海针形态时（或者类似定海针的十字星形态），底部形态就变成"定海双针"形态了，对股价的支撑作用就非常明显，后市会明显看涨。

（4）形成"定海针"形态后，股价不能轻易向下突破定海针所在的收盘价格，而且股价在底部整理时间最好在几天内就完成，否则"定海针"形态的支撑作用就不存在了。

三、底部长下影阳线及买入时机

底部长下影阳线：股价在下跌的时候，当天开盘走出了高位跳水然后拉升的走势，最终在收盘的时候形成了一个下影线很长实体也很长的大阳线。

1. 底部长下影阳线意义

在不断创新低的下跌趋势中，股价可以在当天同时完成跳水和拉升的行情，说明主力有意做多股票。股价止跌回升的走势在当天就表现得淋漓尽致。有这样的主力在一天当中进行放量大涨拉升的话，后市没有理由看空。股民如果有幸发现这种长下影线的大阳线，可以大胆地买入股票，等待主力的拉升。当然保守一点的投资者可以在大阳线后，见股价有明显向上拉升迹象再买入，这样风险相对小些。

如图 7-15 所示，华芳纺织（600273）股价在高位盘旋下跌的时候，于

2010 年 2 月 3 日出现一个下影线很长的大阳线，当日成交量也放大了近一倍。大阳线出现以后股价随即在阳线实体以上盘旋上涨。这时候可以明显地看到在大阳线附近有一条无形的支撑作用线，使股价连续两次获得支撑。正是这种支撑作用，才使得投资者大胆地在低位买入股票。图中也显示出在低位买入股票收益是相当可观的。

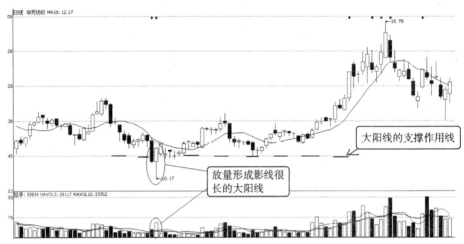

图 7-15　华芳纺织（600273）日 K 线长下影大阳线反转

2. 买股注意事项

（1）底部大阳线的下影线长度最能说明支撑作用的大小，下影线越长，说明多方力量越强大。阳线实体大也可以说明这一问题。

（2）如果大阳线在形成过程中，最低价格接近跌停，而最高价又接近涨停价位，说明大阳线的支撑作用很大，后市股价涨幅一定非常可观。

（3）结合分时走势图（见图 7-16），观察成交量与股价变化的关系，如果明显显示出"价涨量增"，那么这样的大阳线是正常的看涨信号，股民可以直接买入股票。

（4）长下影线的大阳线出现在股价调整期的底部或者股价中长期底部时，才具有看涨意义。如果股价在上涨的高位出现这种形态，就不一定具有支撑作用了，可能是庄家出货时刻而有意为之。

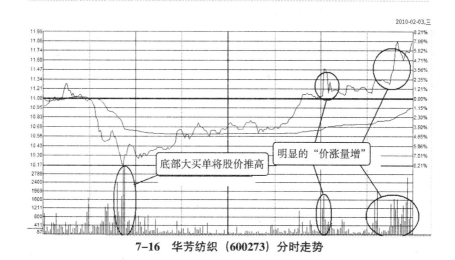

7-16 华芳纺织（600273）分时走势

四、底部连收三阳及买入时机

底部连收三阳：股价在下跌到很深的底部时，开始报复性地反弹，成交量随之放大很多倍。这是明显的后市看涨信号。

1. 底部连收三阳意义

股价在下跌的时候长期没有资金的关注，突然间的反转，只有足够大的资金量才能达到这样的效果。主力肯花大量资金构筑三连阳形态，一定是股价见底的时候才能出现的。即使不是真正的底部形态，出现放量的三连阳后，股价的相对底部形态也即将确认，后市看涨的几率还是比较大的。

如图 7-17 所示，三房巷（600370）日 K 线在 2009 年 11 月 2 日开始出现三连阳形态。而且第一根阳线是明显的"南天柱"形态，股价受到这样的强支撑开始连续发力上攻。即便股价下跌也会受到三连阳的支撑作用而继续反弹上涨。

2. 买股时注意事项

（1）三连阳有温和放大的成交量的配合，则更能说明后市会有可靠的上

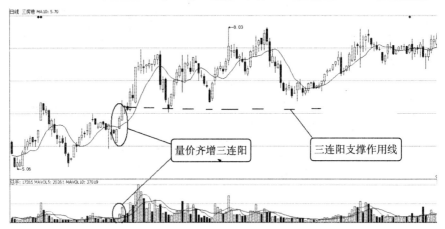

图7-17　三房巷（600370）日K线中的三连阳形态

涨。如图7-17所示，三连阳所对应的成交量依次放大，而三连阳过后下跌中成交量却相对很小，这正说明股价上涨很可靠。

（2）判断三连阳有效性时，要看阳线收盘价格是否收在了高位，如果上影线过长，说明上方阻力较大，继续上涨是有难度的。

（3）三连阳出现的位置应该在股价底部，中高位出现三连阳则可能是多方力量竭尽的结果，后市非但不会上涨还有可能下跌。

（4）三连阳变成四连阳或者五连阳等多根连续阳线时，连续上涨的可能性是很大的，即使股价回落，也可以形成较强的支撑作用。

（5）如图7-17所示，三连阳的第一根阳线实体如果足够大或者下影线较长，再或形成"南天柱"等特殊形态时，对股价的支撑作用就已经开始显现了。

（6）股价在很低的位置时，庄家经常采取快速拉升的方式，那时三连阳的上涨速度就非常快了，以开盘即涨停的方式拉升都是有可能的。因此，股民在发现强势拉升的股票时，可以在前几个阳线处就开始做多，以免错失良机。

（7）股民有幸买入大底强行拉升的牛股后，不要轻易卖掉，因为这样的强势股后市上涨空间是很大的，很可能有翻数倍的涨幅。

五、底部先大阳后大阴及买入时机

底部先大阳后大阴：这种 K 线形态一般在股价位于历史低点，或者较低的位置时出现。股价在弱势下跌的途中，突然一天股价大涨，成交量也放大很多。但紧接着第二天股价大跌，股价又跌回了原位或者更低一些的位置，但是成交量却没有减小。

1. 底部先大阳后大阴意义

股价下跌幅度很大的时候，庄家耐不住寂寞，进行试盘的操作。由此股价才猛然上涨，成交量也随着庄家的操作而急剧放大。试盘终究是试盘，第二天股价即大幅度的回落。庄家利用试盘的机会，清楚了上档的抛盘压力有多大，为即将开始的拉升做好了准备。见到庄家的这种明显动向的时候，股民可以适量买入些股票。

如图 7-18 所示，冠城大通（600067）从 2008 年 9 月 19 日开始连续两次出现了先大阳线后大阴线的走势。成交量在两次大阳大阴的交替出现过程中，也保持了较高的水平。当然图中显示的不是一个大阳线后跟着一根大阴线，而是两根大阳线后紧接着两根大阴线。大阳大阴出现后不久股价即见底

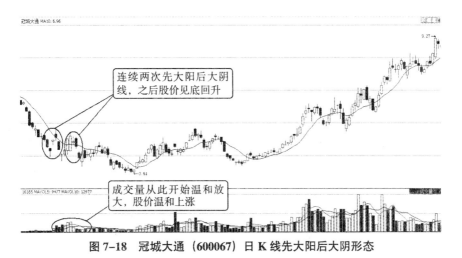

图 7-18 冠城大通（600067）日 K 线先大阳后大阴形态

回升，成交量不断放大，股价节节攀升。显然在出现大阳大阴的时候，庄家在试盘或者是在完成部分的建仓操作。

2. 买股时注意事项

（1）当底部出现先大阳线后大阴线的时候，投资者不要马上买入股票，一般的情况是等待股价走稳之后，成交量也保持在较高的位置再行买入。买入太早的话很容易造成短期的亏损。

（2）大阳大阴线出现后成交量可以维持在相对高位，这是股价即将回升的好征兆。成交量大说明人气比较旺，只要市场中的资金多了，就不发愁股价不涨了。

（3）大阳大阴线不出则已，一出现肯定是大牛股的征兆，股民可长期持有股票，等待主力拉升。

（4）在股价历史低位出现的大阳大阴线可信度价高，若出现之前有庄家大批买入股票建仓的迹象，便可以积极参与看多股价。

第六节　中长期底部的空头陷阱

股价在中长期底部的空头陷阱：指主力利用资金优势短时间内迅速做空，使得股价突破下方支撑，再现弱势下跌趋势。待投资者卖出手中的股票后，主力又纷纷强拉股价。散户们要想再买入股票，只能以当时的价格买入，买入成本就很高了。主力可以利用低成本的优势再次洗盘、拉升股价。

如图 7-19 所示，歌华有线（600037）在 2009 年 1 月 23 日狂跌 9.98%，当日成交量比前一天放大 9.0 倍至 581989 手。这么大的成交量和换手率，不由得让人胆战心惊。结果很多投资者在这里卖出了股票。在接下来的几天里才知道市场跟散户们开了一个不大不小的玩笑。股价开始连续反弹，并且量价配合良好，股价随即创新高。

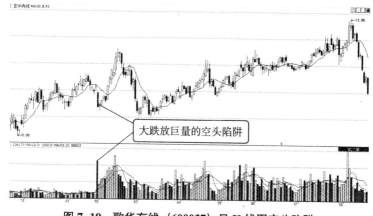

图 7-19 歌华有线（600037）日 K 线图空头陷阱

识别空头陷阱应注意：

（1）大资金做空的时候，往往都会利用媒体事先营造空头的氛围，这样的话才便于他们事后进行做空的操作，为建仓做好准备。

（2）从成交量上看，价跌量缩的情况最能说明空头陷阱的存在。庄家生硬地打压股价，并且在股价的相对低点放大成交量、大量买入股票。如图 7-20 所示，虽然在日 K 线图中大阴线对应的成交量是放大的，但是如果仔

歌华有线 600037

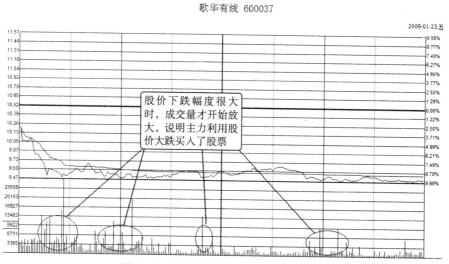

图 7-20 歌华有线（600037）分时走势

细察看分时图中的量价关系，可以看出下跌的时候成交量并不是很大，而在股价底部成交量反而扩大了。

（3）从 K 线形态上看，股价造成大阴线的走势给散户们的冲击是很大的。尤其是在股价连续破位下跌的时候，从技术形态上看，往往是大量指标在同一时间内发生底部背离。与此同时，短线投资者套牢严重，部分投资者逐渐看淡后市，大量卖出股票以远离风险。这样庄家正好可以在股价低位完成建仓。

（4）宏观经济方面，主力在给投资者设空头陷阱的时候，可能往往只是利用某一方面短期的利空因素来借以打压股价，这样的利空消息是比较短暂的，但是已经可以成为主力打压股价的理由了。

（5）在长期下跌的股市当中，会有很多的套牢盘等待解套，但是市场的长期弱势阴跌又让这些投资者放弃了解套的想法。尤其是主力在底部强行打压股价，破位下跌的时候，更能引起投资者的恐慌性抛盘。股民保持良好的心态，冷静看盘，不被主力的空头陷阱迷惑才是上策。

第七节　中长期底部买入时机的把握

一、政策因素形成的中长期底部及买入时机

政策性因素形成的底部一般来说具有长期性，但是宣布政策的那一时刻又具有突发性的特点。因此，股民在得知有利好消息的时候，要将这种利好的政策性因素当做长期的因素来看待，在政策宣布的时候又要根据当时市场的状况，以及市场对政策的反应做出合理的判断。因为不是利好政策一出台，股市就立刻转成牛市了。虽然有很多人都说中国的股市是政策市，但是政策市也不能脱离中国经济的大环境，也不可以严重地扭曲市场的价格。在

利于股市的政策出台时，股民应该将政策视为影响股市长期走势的因素之一，在短期内可以见机行事，长期可以看好股票市场。

买股时机：买股时机的把握上首先要稳。股价处于中长期下跌趋势当中时，短期的利好政策可能会使股价大幅上涨。但是短期大幅上涨后，股价上方的解套压力必然大幅度提高。股民长期以来的套牢在短时间内释放，很可能将股价重新打入新的低位。如果股民这时候进入股市，短时间内的套牢就是必然的了。其次买股票前要看得长远一点，因为既然股价处于历史低位或者接近历史低位的大底当中，股民在认清楚政策市即将形成的时候，可以阶段性买入股票。这样既可以在股票下次下探的时候减少亏损，又可以在股价重新上涨的时候获得收益。

二、技术因素形成的底部及买入时机

技术因素形成股价底部后，一般都会有明显的底部反转迹象。这些迹象表现在 K 线形态、成交量变化、换手率、技术指标变化等。在这些技术表现当中，最重要的要属 K 线形态和成交量的关系了。

判断股价是否见底，或者说股价什么时候反弹都要研究成交量的变化。一般在股价长期低迷的时候，成交量也会维持在历史低位附近，不会有什么起色。一旦市场上因为政策因素或者其他因素导致股价短时间内大幅上涨，而当股价回落后，成交量可以维持在相对高一点的位置，这可能就是股价即将见底的信号。因为股价只要见底，不管短期内能否上涨，成交量放大一些是必要的。

股价长期的阴跌后，市场中的人气需要慢慢恢复。人气恢复的过程也是资金入市的过程，只有大量的资金入市，股票价格才会因为资金的推动而水涨船高。

那么什么样的量价配合关系可以催生牛市和牛股呢？

最理想的、有利于股价上涨的成交量，不是处于自涨自跌的状态，而是追随股价上下波动。股价涨的时候，成交量也要配合着上涨；股价下跌的时候，成交量要相应地下跌。但总体上说，成交量可以维持在一个较高的位置运行，这样是很利于股价上涨的。

底部形成时候，除了成交量增加外，换手率的提高也可以说明股市中的人气更加旺盛。换手率大说明投资者积极进行交易，股票的流动性提高，市场风险也会相应减小。

股票买入时机：虽然股民可以通过多种技术分析手段来判断股价的底部，但是底部究竟在哪里，对于这个问题是很难说清楚的。所以在股民看到明显的见底信号时，就应该小买股票了。既然已经开始见底，不管股价是否会在更低一点的地方反弹，这都不是很重要，重要的是在股价上涨的时候有我们股民的参与，这样的话股民就可以提前分批次买入股票。这样做的目的就是既可以摊平成本，又可以防止因股价短时间内不能见底而造成更大的亏损。

三、中长期底部抄底要领

（1）用部分资金介入抄底。股价的真正底部很难能够猜得准确，但是相对的底部是能看出来的。股民在开始买入股票时一定要分批次进入，不能将全部资金都投入进去。一般来说，股价的下跌会是反复性的，这样用部分资金先买入，可以为股价再次下跌后做补仓的准备。

（2）选择成交量比较大的品种抄底。成交量大小无疑能够反映主力的实力强弱，放巨量的品种主力实力一定是不俗的。主力在股价底部舍得用大量资金拉升股价，说明市场真正的底部已经出现了。散户投资者可以跟随"大象"起舞了。

（3）股价有效突破时抄底。抄底的时候不怕晚就怕抄得太早。抄底过早容易陷入股价再次向下探底的被动当中。个股当中总有比大盘早一点上涨的股票，但是也有很多股票是属于那种慢牛的。因此，可以等待大盘企稳了之后再抄底。抄底的时机最好是股价在底部形成反转形态后，有效向上突破时抄底，这样做的可靠性比较高。

（4）选择那些启动比较早的品种抄底。市场中的热点不同，股票跟随市场反弹的时间也是不相同的。选择那些提前启动上涨行情的股票，可以第一时间把握上涨的机会，在第一波上涨的途中就获得比较好的收益。这样在大盘上涨速度减缓的时候，在板块间进行换股操作，还可以享受热点之间联动的收益。不仅如此，启动早的股票上涨的概率比较高，不容易发生骗线问题。

第八章　卖股必读

第一节　大盘中长期顶部及特点

不论买股票还是卖股票，先看大盘走势永远也不会落入俗套，都不会与买卖良机失之交臂。尤其是在大盘见顶、选择卖出股票时机的时候，首先察看大盘走势尤为重要。那么大盘顶部究竟有什么样的特征呢？

1. 题材股被疯狂炒作，并且在涨幅榜占据较多席位

股市在缺乏上升动力时，一般都是题材类个股发挥余热的时候。"抱团取暖"的投资者在题材股上大做、特做文章，以求获取最后的一点儿利润。当题材类个股也具备顶部特征后，股市大跌也就将要来临了。

2. 中小板块或者题材类龙头股票放巨量高位涨停

中小板块和题材类强势个股本身就是市场见顶前最后一支活跃的力量，如果这样的股票都已经高位巨量涨停，那么随着它们的见顶，市场失去最后的炒作标的股票，大盘下跌将很难避免。

3. 大盘无量配合反而连续上涨

大盘的无量上涨，说明市场上推高股价的资金已经不足，上涨趋势很难

再延续。

4. 弱周期行业股票频繁补涨

在大盘即将见顶时，热门股票已经被炒了一遍又一遍，股价估值相对过高。而那些弱周期性行业的股票，如运输业、传媒业、零售业等，由于长时间得不到资金的青睐，股价涨幅明显偏低，这样就吸引了许多苦于没有合适股票又不愿意离场的投资者。正是他们买入的这些估值偏低的股票，带动大盘做最后的挣扎。

5. 指数型基金赎回增多

指数型基金和大盘在走势上有很高的相关性，大盘涨则基金涨，大盘跌则基金跌。若指数型基金的赎回明显增多，说明投资者不看好某一证券市场，或者说这个证券市场的估值已经明显偏高。预示着股价即将见顶，投资者应谨慎做多股票。

第二节　大盘中长期顶部的研判

一、大盘的中长期顶部

大盘中长期顶部的出现不是短时间内就可以形成的，必须经过长时间的积累才能构成顶部特点。在判断大盘顶部时，可以按照以下步骤依次衡量：

1. 看大盘平均市盈率大小

大盘所有股票的平均市盈率可以基本反映一个市场的估值水平，一般情况下20倍左右的市盈率是合适的。如果市盈率过高，股价就有了虚高的成分，市场就很可能存在估值上的泡沫。例如，市盈率在 40 倍时，估值一般来说就是偏高的。像美国这样成熟市场的市盈率水平一般都不会超过 20 倍太多的。即使可虑成长性方面，A 股的市盈率在 40 倍也不是很正常的事情。

2. 大盘的量价关系情况

指数在高位上涨时，从量价关系当中最能够看出大盘的上涨潜力了。指数上涨，成交量放大才是比较理想的上升行情。若指数连续攀上新的高点，而成交量则不断地萎缩，这样的量价背离关系持续时间不会太长。

3. 权重股走势情况

在大盘上涨的过程中，权重股一般是上涨比较慢的品种。而在牛市的后期，有补涨要求的权重股就会利用牛市最后一点上升空间狂拉股价。大部分权重股在高位见顶的时候，也就是大盘见顶的时候。

4. 技术指标数值大小

很多情况下都是技术指标背离在前，大盘指数见顶回落在后。因此，判断大盘是否见顶时，先看技术指标就显得比较重要了。尤其是在大牛市的后期，即使指数仍然在上涨，但是指标已经不能再上涨了。大盘见顶只是时间的问题，投资者应该密切注意盘面变化，提前减仓，避免不必要的亏损。

二、由技术指标判断大盘中长期顶部

在大盘涨到顶部的时候，不仅表现为成交量萎缩、价格弱势上涨，在技术指标上也可以看出很多形式的反转形态。常见的反转形态有：双头部、头肩顶形态、倒 V 形等。当然在单日 K 线上也可以看出比较明显的反转，如穿头破脚、十字星等。

因为大盘指数是反映股票总体价格水平的指标，在大盘出现明显的反转信号时，见顶趋势一般都是毋庸置疑的。

如图 8-1 所示，上证指数在 2007 年 10 月 16 日升至最高点位 6124.04 点后，开始反转下跌。在 4778.73 点获得支撑反弹向上，最高再次升至 5522.78 点，此时的成交量却没有配合上涨。从此之后上证指数告别 5000.00 点大关，进入缩量连续下跌的趋势当中。

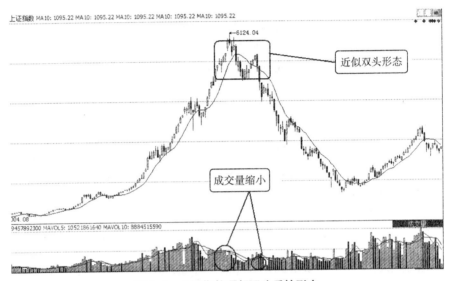

图 8-1　上证指数顶部双头反转形态

第三节　个股中长期顶部形态及卖点

一、双头（双重顶）及卖点

双头（双重顶）（如图 8-2 所示）：股票在上涨过程中随着成交量的放大，其股价涨到 A 点附近，随后股价开始回落、成交量萎缩。股价下跌到 B 点附近，并且获得支撑。然后股价又在少量成交量配合下上涨到 C 点附近。

C 点与 A 点几乎在同一价位上。最后股价再次急转下跌。这样连续两次上涨后形成 A、C 双顶形态。

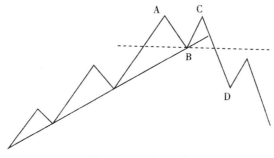

图 8-2　双重顶形态

当然双重顶形态是否变为反转形态，还要看股价是否在到达 C 点后下跌到颈线（图中虚线——B 点所在价位）以下。如果股价顺利突破颈线，那么双重顶反转形态完成。

1. 双重顶的意义

股价在上涨到顶部的过程中，积累了很多的获利盘，当股价上涨到某一价位（如 A 点）时，部分投资者获利了结，股价转为下跌。当股价跌至 B 点后，又有很多场外投资者买入股票，股价转跌回升。当股价重新升到 C 点所在价位后，在前期高点 A 未卖出股票的投资者和 B 点买入股票的投资者重新看空市场，使股价再次遭到重创跌至颈线附近。由于两次几乎相同的价格高点都未能有效突破，市场中看空的投资者越来越多，股价顺利跌破 B 点（即颈线）所在价位，这样就有了双头反转形态。

在双头形态形成之后，股价的高点（A、C 点中最高的一个）也就确定了。持股的投资者应该在股价突破颈线后，马上卖出股票，未买入股票的投资者也应以观望为好。

图 8-3 为华鲁恒升（600426）的双头反转形态。从双头反转形态中看出，股价在颈线以上有两个明显的头部 A、C，头部 A 和头部 C 所在价位几乎相同，即 25.25 元/股。从成交量上来看，两个头部形成前的成交量明显前

高后低。股价在缩量涨到C点后即下跌到颈线以下。只是经过一次小反弹股价便跌至14.19元/股，跌幅43.8%。由此可见，股价在顶部形成双头形态后对价格走势有很强的预见作用。

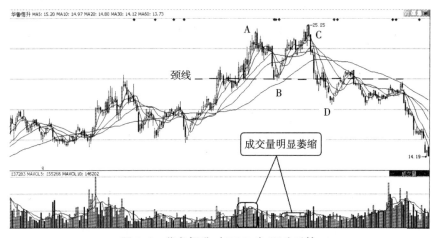

图8-3　华鲁恒升（600426）双头反转

2.卖股注意事项

（1）双头的第二个头部一般要高于第一个头部，但两者相差不能太多。

（2）股价两次上涨时形成头部的成交量一般应该前高后低，这样才能确保形成真正的双头形态。

（3）股价在形成第二个头部后，有效突破颈线才能宣告双头形成，否则股价很可能在颈线再次反弹变成双头复合形态。

（4）股价在突破颈线后，一般会再次反向移动来测试颈线的阻力大小，只要股价未能有效穿越颈线向上移动，那么双头形态还是存在的。

（5）双头形态是明显的反转形态，投资者不能指望行情短时间内就宣告结束，股价从颈线下跌的幅度一般要大于双头到颈线的距离。

二、双头的复合形态（三重顶或多重顶）及卖点

双头的复合形态有三重顶和多重顶。当双头反转形态未能形成以前，股

价在颈线附近再次反弹时形成第三个头部后跌到颈线以下。这种形态就是三重顶形态,多重顶以此类推。

1. 三重顶的意义

股价上涨到某一价位后,投资者开始获利了结,股价从第一个顶部下跌到颈线附近所在的价位。在这个价位上,场外投资者(当然也包括卖出后回补的投资者)开始买入股票,股价再次上涨到前期高位附近。由于市场买盘不足,套牢者忙于解套、获利者又忙于兑现,股价再次回落至颈线附近。这一次股票再次受到场外投资者的追捧,股价第二次回升至前期高点附近。但是受到两次冲高回落的影响,股票又一次在前两次高位附近被卖出。由于买盘严重不足而投资者止损增多,股价跌破颈线,三重顶形态形成。

相比双头形态,三重顶更强化了顶部阻力的作用,后市股票看空非常明显。持股的投资者应该在股价突破颈线后立即卖出股票,以免造成更大的亏损。

多重顶形态和三重顶形态类似,只是股价又经过了多次反弹后才回落到颈线以下。

如图8-4所示,马钢股份(600808)在下跌的时候反弹出现三个明显的

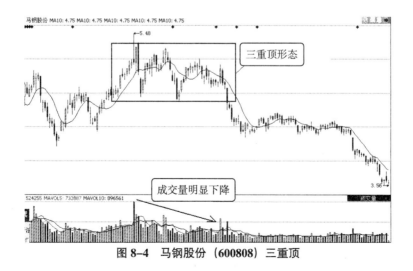

图8-4　马钢股份(600808)三重顶

顶部，而且三个顶部依次降低，成交量也明显依次减小，股价在出现第三个顶部后跌破颈线，三重顶形成。股价在形成三重顶后只经过短时间盘整便深跌不止。

2. 卖股注意的问题

（1）三重顶的三个顶部价格、底部价格以及相隔距离等不必刻意追求相等，相差不多都是可以的，因为股价不可能走出标准的几何图形，有误差是很正常的事情。

（2）三个顶部的价格、成交量同时依次下跌，更能说明三重顶的可靠性。

（3）股价在大成交量的配合下穿越颈线更能说明三重顶已经形成，下跌将在所难免。

（4）三重顶形成后，股价不一定要回抽。所以，股民轻易看多是很危险的。

三、头肩顶及卖点

头肩顶（如图 8-5 所示）：股价在成交量的配合下上涨到 A 点附近，随后股价下跌，成交量也开始萎缩，这样形成了头肩顶的"左肩"。在 B 点附近股价又重新获得支撑，适当的成交量配合股价涨到更高的 C 点附近。紧接着股价遭到抛售又重回 B 点所在价位的 D 点，这样形成了头肩顶的"头"。

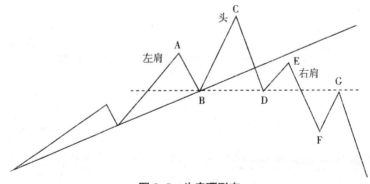

图 8-5　头肩顶形态

股价在获得支撑后，在相对较小的成交量配合下涨到 A 点所在价位附近的 E 点，接着股价第三次遭到抛售开始下跌，并且在 B、D 所在价位处获得突破，这样就形成了头肩顶的"右肩"。

1. 头肩顶的意义

从头肩顶的形态可以看出，股价连续上涨的趋势已经被实质性地扭转过来了。虽然股价在下跌到颈线附近的时候，买盘发力将股价推高到新的高位，但是成交量并未创新高，反而下跌了许多，这说明部分投资者并未看好后市。当股价第二次跌到颈线附近时，重新获得支撑，但成交量更小、反弹幅度至左肩 A 点的高点就扭头下跌。这一次弱势反弹后，股价跌到颈线之下，而且一去不复返。这样股价就正式进入了下跌通道当中。

如图 8-6 所示，上海能源（600508）成交量跟随左肩、头和右肩依次下跌形成完美的头肩顶形态。左肩上股价受阻反弹；头部上涨虽然比左肩高出一截，但是成交量已经萎缩；右肩的时候成交量再度萎缩，说明看多股价的投资者并不多，弱势之下股价穿破颈线，向下寻求更强的支撑位。股价从头部 27.98 元/股下跌到颈部 23.80 元/股，最低下跌到 20.16 元/股。

图 8-6　上海能源（600508）头肩顶形态

2. 卖股注意事项

（1）长时间内形成头肩顶形态，一旦被有效突破，下跌幅度是相当可观的。因为盘整时间长本身就说明下方支撑是非常强的，而面对强大的支撑，能够突破就是有更大的压力使得股价向下。这种情况之下，股价长时间内延续下跌走势就是很正常的。

（2）头肩顶形态看似有头部这个高点，实际上正是多方力量竭尽时的走势。股价在右肩的再次缩量下跌，正说明了这个问题。头肩顶的形态特点不一定要严格遵守，但是一定要表现出市场弱势的状态，如成交量不断萎缩、股价重心不断下移等。

（3）股价跌破头肩顶后，一般下跌幅度是不能准确预见的。当然一般会下跌到相当于头部到肩部的距离。

四、圆弧顶及卖点

圆弧顶（如图 8-7 所示）：股价从某一价位（颈线）沿着弧形向上不断攀升，涨跌交替进行。开始上涨时涨幅较大，下跌幅度很小。但是随着股价的升高，每次上涨幅度不断减小，与此同时下跌幅度却不断增大。涨到最高点附近时，股价每次上涨的幅度不敌下跌幅度，价格开始回落，并且回落的幅度越来越大。最后股价跌破颈线，破位下跌。圆弧顶形态中股价涨幅呈现出（开口向下的）圆弧状变化，而成交量正好是从大到小再到大的（口向上

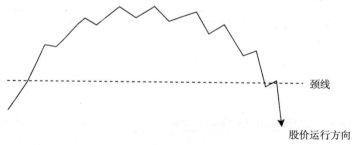

颈线

股价运行方向

图 8-7　圆弧顶形态

的）圆弧状变化。

1.圆弧顶的意义

多方在发动攻势的过程中，股价重心不断上移，但是抛压也越来越大，股价上涨速度逐渐减慢。股价每次上涨一个台阶都遭到空方的强力打压，股价呈现出圆弧状走势。多方力量明显不足以应付空方的攻势，后市下跌在所难免。在下跌初期，多方顽强抵抗，终因力量悬殊使得股价下跌速度逐步加快，破位在所难免。最后股价终于突破上涨初期的颈线，完全处于下跌通道当中。持股的股民应该在股价突破颈线、下跌之前提前了结头寸。以免后市下跌速度过快，造成更大的亏损。

在图8-8山煤国际（600546）的月K线图圆弧顶中，股价经过了一次过山车式的上涨下跌后，又返回到上涨的原位置。

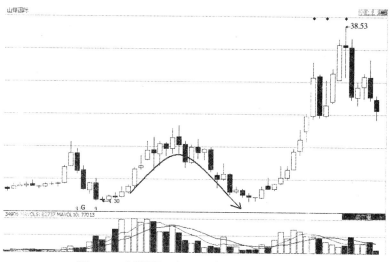

图8-8 山煤国际（600546）月K线图圆弧顶

2.卖股注意事项

（1）股民如果持有股票的话，不能等到圆弧顶完全形成以后再卖出股票。因为如果圆弧顶形成的话，也意味着下跌速度将加快，股民不及时卖出的话，损失将是很惨重的。

（2）一般地，真正的圆弧顶下跌趋势是深不见底的，即使下跌到圆弧形成阶段的价位，还可能向下突破，所以股民对那些呈圆弧形下跌的股票不要轻易看多，以免被套牢。

（3）刚刚形成的圆弧顶可能不会马上下跌，而是在一个小平台上横盘整理。这时候股民千万不要轻易看多，因为只要股价突破下跌，圆弧形的反转还是成立的，股价还会沿着圆弧形状狂跌不止。

（4）股价在涨到顶部并慢慢转向圆弧状的这个过程是相当缓慢的，而且上下波动范围也非常小，股民在这个时候最容易被麻痹。为了避免亏损，可以考虑在股价转弱前卖出股票。

五、倒 V 形顶及卖点

倒 V 形顶：这个形态诞生在大涨之后恐慌性抛售阶段，它是由泾渭分明的"两条腿"再加上一个"反转点"组成。

"两条腿"：股价初始上涨阶段速度惊人，短时间升幅相当大，形成倒 V 形的"第一条腿"；反转下跌后成交量迅速萎缩，股价又迅速跌入低谷，形成了倒 V 形的"第二条腿"。

反转点：股价在顶部短时间停留便开始下跌。经常可以看到股价顶部有非常明显的单日 K 线反转形态或者双日反转形态，如十字星、倒 T 字形线、吞没形态等。

1. 倒 V 形顶的意义

股价上涨过程中，市场中看多的投资者快速膨胀，股价也越涨越快、越涨越高，直到买盘不再增加。待多方力量穷尽之时，大量获利了结的投资者开始卖出股票，股价开始转为下跌，而且跌幅越来越大，这样倒 V 形反转形成。

图 8-9 中西藏城投（600773）上涨的"第一条腿"仅用了 5 个交易日就

将股价拉到高位，为 12.72 元/股，涨幅高达 42.4%。之后股价在顶部日 K 线图上形成一个下跌十字星，股价转折点随之到来。随后几个走低，成交量萎缩，倒 V 形的"第二条腿"形成了。股价连续走出了快速上涨连续下跌的行情。

图8-9 西藏城投（600773）倒 V 形顶反转

2. 卖股注意事项

（1）倒 V 形的股价对应成交量也应该是近似倒 V 形的，即上涨阶段成交量迅速膨胀，下跌阶段成交量迅速萎缩，这样才更加具有倒 V 形反转的意义。

（2）大趋势在上涨时出现倒 V 形后，股价可能并不会有很大跌幅，而且很可能在小幅盘整后继续上涨。这时候出现倒 V 形只能说是上涨速度加快后的回落表现。

（3）真正的顶部出现倒 V 形反转后，下跌趋势会延续很长时间，没有明显的看多信号不要轻易买入股票。

（4）倒 V 形反转前，投资者需要多关注股价在短时间内的涨幅、成交量变化，如果都比较大而且顶部伴有明显的反转信号，形成倒 V 形反转的可能性就很大，投资者可以卖出股票换股操作。

六、菱形顶及卖点

菱形顶：菱形由两部分组成，左半部分是一个放大的喇叭口，右半部分是一个逐渐缩小的三角形。喇叭口的高点比前一个高点更高，低点比前一个低点更低，连接最高价、最低价和初始价位便形成了一个喇叭口。三角形的价格变动范围逐渐菱缩，即高点逐渐降低、低点又逐渐增高，最后股价收窄到同一个价位，连接最高价、最低价和收窄后的价位便形成了三角形。

1. 菱形顶的意义

菱形顶是伴随着股民心理变化形成的。开始时股价升高，但投资者分歧严重，疯狂买卖致使成交量不规则放大，股价波动幅度越来越大，但是却没有确定的方向。随后投资者情绪平静下来，成交量减小、股价波幅也相应收窄。

如图 8-10 所示，吉林森工（600189）在下跌过程中，突然在 2008 年 4 月 3 日出现了快速上涨的行情，成交量也随之放大了许多，不过短时间内就

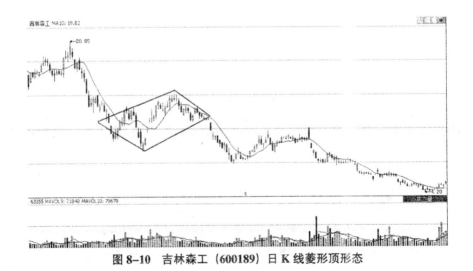

图 8-10　吉林森工（600189）日 K 线菱形顶形态

回落到更低的位置。随后股价又是一次大幅拉升行情，成交量又一次被放大。第二次上涨的幅度比第一次更大，成交量也超过第一次。最后股价停滞不前并且越走越弱，价格收缩在很小的范围内。股价完成菱形顶形态后，在很小的成交量下即跌破形态右侧部分，从此突破下跌的趋势就开始了。

2. 卖股注意事项

（1）菱形经常形成在股价大跌前期，股价突破菱形形态向下后，大跌在所难免。

（2）股价在菱形形态的右边价格压缩区域突破后，投资者可以顺势追涨或者杀跌，这样做一般的获利或者止损效果都比较好。

（3）投资者可以在股价下跌菱形形态高低点间价位的地方，考虑适当买入股票。如果没有很好的止跌企稳信号，可以先持股不动或者买入少量股票。

（4）股价跌破菱形顶形态，是多方能量消耗殆尽的表现，并不需要较大成交量配合，就可以跌破。倘若突破时成交量放得特别大，那么股价是否能够像预期的那样持续下跌就值得怀疑了。

七、矩形顶及卖点

矩形顶：矩形顶是一种长时间的波动整理形态，股价长时间在高低两个价位之间盘整。多空双方势均力敌，在矩形形成之前各不相让。当股价下跌到一个低点时，多方大举买入股票将股价拉起；股价涨到一个高点时，空方又大举发力将股价再次打压到这个低点。如此反复就形成了矩形的两条明显的上下界线，如图8-11所示。

1. 矩形顶的意义

股价经过长时间的矩形整理之后，一般会沿着矩形形成之前的趋势继续移动。即原来的趋势向上，经过矩形整理之后，股价一般会突破向上；原来的趋势向下，经过矩形整理之后，股价一般会突破向下。

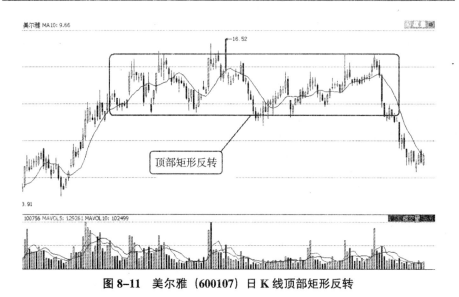

图 8-11   美尔雅（600107）日 K 线顶部矩形反转

2. 卖股注意事项

（1）顶部形成矩形之后，是否反转或者说向哪一边反转，都要等股价突破矩形形态之后再做决定。如果事先买卖股票的话，倘若股价仍旧在矩形里震荡，亏损就在所难免了。

（2）如果股民事先预见到了矩形形态的存在，可以在矩形上下做高抛低吸的操作，但是一定要做好止损。毕竟股价在突破矩形低点时会加速下跌，控制不好头寸的话是很容易亏损的。

（3）股价在矩形内徘徊的时间越长，突破下跌后跌幅也会越大。一般可以看到矩形高低点间价位的大小。

（4）矩形虽然从形态上来讲比较规范，但是过于规范往往就会变得不规范，矩形形态也是这样的。如矩形形态在形成之初，可以是三重顶形态，三重顶不被跌破、股价继续反弹则可以形成矩形形态，如果跌破三重顶就不存在矩形形态了。

第四节 几种特殊的 K 线形态及卖点

一、顶部包容线的卖出时机

顶部包容线（如图 8-12 所示）：指的是第二根 K 线的最高价高于第一根 K 线的最高价，而最低价又低于第一根 K 线的最低价格，好像第二根 K 线将第一根 K 线包住一样。这里所说的顶部包容线指的是大阴线包住前边的 K 线（星线、小阳线或阴线等）。为了便于分析形体，顶部包容线可以近似简化为图 8-12 中的第四幅图——锤子线。锤子线正好生动地说明了股价上方阻力非常大，多方经过努力后无果而终，后市很可能被空方主导行情。

图 8-12 顶部包容线及其简化形态

1. 顶部包容线的意义

在股价上涨趋势当中，投资者一致看好后市，不断做多将股价推到高位。但是好景不长，突然一天股价向上跳空开盘，当天收盘价又下跌报收，K 线形态中出现一个大阴线实体。空方力量陡然大增，一根实体相当长的阴线将前一天的 K 线实体完全吞没，后市看空氛围相当的浓重。

如图 8-13 所示，首钢股份（000959）股价顶部连续出现两次包容线形态后，价格几乎没有任何像样的反弹就狂跌入谷底。

图 8-13　首钢股份（000959）顶部包容线

2. 卖股注意事项

（1）顶部出现包容线是相当明显的反转信号，股民切不可视而不见。包容线一出现就如同为股价定了基调一样，没有实质性突破的话很难重新上涨。

（2）大阴线实体越长、被包容 K 线实体越小，或者大阴线包容的面积越大越能够说明空方比多方的力量更强大，股价走势将被空方主导。

（3）顶部的包容线是否有效，要到第二天 K 线形态确认后才能完全断定。因为有时候出现包容形态后，股价不一定回落，很可能第二天出现大阳线又将第二根大阴线包住的情况。如果出现这种情况，后市就不一定看空了。

二、顶部吊颈线的卖出时机

吊颈线：在股价连续上涨过程中，某一天股票开盘价格比较高，而最低价格却低于开盘价格很多，收盘的时候股价又涨回到开盘价格附近，形成一个下影线很长但实体很小的小阳线或者小阴线。

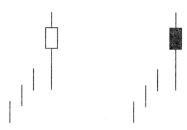

图 8-14　两种不同形态的吊颈线

1. 吊颈线的意义

股价在上涨过程中出现吊颈线，说明市场分歧开始加大。虽然开盘的时候高开了一些，但是盘中股价下跌幅度很大，经过多空双方的奋力拼杀，勉强在收盘价格上接近或者超过开盘价格。收盘后的 K 线形态是实体很小但是下影线很长的吊颈线。

图 8-15 为南洋股份（002212）的顶部吊颈线图。此股在 2010 年弱势下跌过程中的相对高位形成了明显的阴线上吊线形态，然后股价一落千丈，从 2010 年 4 月 13 日的收盘价 18.66 元/股下跌到 2010 年 5 月 12 日的 13.88 元/股，跌幅高达 25.6%。

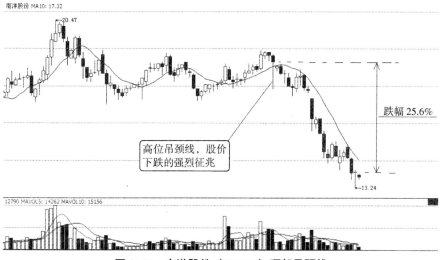

图 8-15　南洋股份（002212）顶部吊颈线

2. 卖股注意事项

（1）吊颈线的下影线越长说明空方的优势越大，小阴线的实体比小阳线的实体更能说明空方优势大。

（2）判断吊颈线是否具备反转意义，可以结合当天的分时走势图来判断。若分时走势图上显示当天股价都在低位徘徊，而尾盘时主力大力拉升股价，使得 K 线看起来有很长的下影线，这样的拉升往往是主力处心积虑在 K 线图上"画"出来的，根本不是看多信号。相反主力越是掩饰，越能说明后市看跌。

三、顶部连收三阳的卖出时机

顶部连收三阳：股价在高位上涨后，连续三天收盘都是小阳线，但是股价却在下跌，而且越来越低。

收盘都是小阳线，为何股价还在不断下跌呢？原因是每次小阳线的开盘价格都在前一天收盘价格以下，开盘价格非常低，而收盘价格虽然在高位却未能超过前一天的收盘价格，由此股价步入不断下跌的颓势当中。

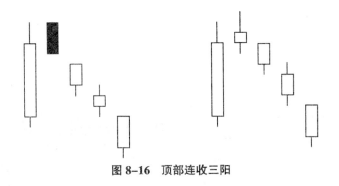

图 8-16　顶部连收三阳

1. 顶部连收三阳的意义

股价在上涨到相对高位时，必然有耐不住的投资者想要提前出货。尤其是在庄股当中，庄家想出货但又不想惊动散户，所以采用顶部三连阳的下跌形态，给人以股价受到支撑的假象，实际上暗中出货了事。

如图 8-17 所示，*ST 钛白（002145）在下跌途中，进行短时间的盘整后，在 2008 年 9 月 10 日连续收盘为两根大阳线，而且在第二根阳线处有巨大的成交量，换手率也高达 29.58%，主力出货迹象非常明显。后市连续倒收阳线无量跌停证明了这样的判断准确无误。

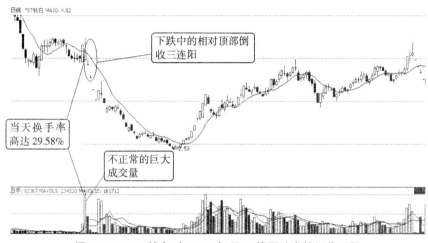

图 8-17 *ST 钛白（002145）日 K 线下跌中的倒收三阳

其实 *ST 钛白（002145）在下跌前期还是给了投资者很多暗示的，如 2008 年 9 月 9 日、9 月 10 日和 9 月 11 日的成交量分别为 2502 手、68307 手和 295412 手，后两天的成交量相比第一天分别放大了 27.3 倍和 118.1 倍。不是主力出货的话，成交量也不会这么大。所以只要用心研究一下，预测出后市的暴跌也是很容易办到的。

2. 卖股注意事项

（1）倒收三阳的欺骗性是非常强的，主力采取"明修栈道，暗度陈仓"的手法，当天开盘的时候先打压出货，在尾盘强行拉起股价，时间一长股票没了主力的护盘自然下跌不止。

（2）在确认倒收三阳形态时，应该仔细检查第三根小阳线是否有效跌破大阳线的实体，如果连阳线的下影线都未能突破的话，股价还存在再次收出大阳线（形成包容线）上涨的可能性。

（3）检验顶部倒收三阳的有效性时，最重要的不是形态，而是形态中暗藏的弱势行为。股价在下跌当中不一定都能出现下跌三阳线，其实收出阴线也是很正常的，恰好能够说明股价步入下跌趋势当中，只是跌幅不大、速度也比较慢而已。

（4）投资者在用 K 线分析股价涨跌趋势的时候，不能仅凭 K 线颜色来判断股价的走势。因为 K 线颜色的不同只在于当日开盘价和收盘价，同前一天的收盘价格是没有任何关系的。而当天的开盘价、收盘价是很容易被主力操纵的。相反，主力操纵当天价格涨跌就相对难一些了。

四、顶部棒槌线的卖出时机

顶部棒槌线：股价在涨升幅度很大的时候，突然一天成交量放巨量，股价冲高回落，最低点下探幅度很深，最终在收盘的时候形成一个上下影线都很长的阳线。这根 K 线就是棒槌线。

1. 棒槌线的意义

股价在被大幅度拉升之后，庄家获利丰厚必然想及时出清头寸。所以某一天股市开盘后不久，庄家即开始大幅度拉升股票。在股价到达最高点时，庄家开始大量出货，成交量随之放巨量，股价飞速下跌到当日开盘价以下。尾市即将收盘的时候，庄家利用少量的资金将股价重新拉到开盘价格以上，给人以股价受到下方有力支撑的感觉。从放大的成交量、股价所在的位置以及棒槌线形态可以看出庄家完成出货，后市看跌。

如图 8-18 所示，迪马股份（600565）在放量上涨过程中，突然在 2010 年 4 月 7 日开盘涨停，并且当天股价死死地封在了涨停板那里，一直到收盘时候尚未打开。第二天股价高开高走，短短 15 分钟内上冲到涨停板附近，然后迅速回落到开盘价格附近，收盘的时候股价微幅上涨，但上影线非常长，下影线较短。从图中可以测出当天以天量成交量 1189882 手成交，换手率高达 25.05%。虽然股价当天收盘微涨，但是从三个主要技术指标都创新高来看，主力出货嫌疑非常大。而第二天股价又一次高开，但上冲受阻后大幅回落，当日收盘以大阴线报收。从此股价开始了倒 V 形反转的下跌走势。股价直接跌回起始点所在价位。

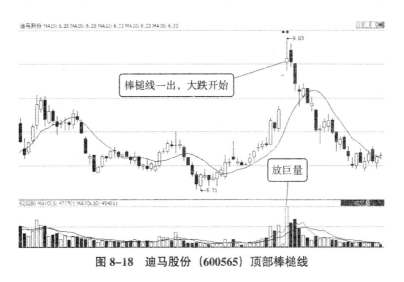

图 8-18 迪马股份（600565）顶部棒槌线

2. 卖股注意事项

（1）股价短时间内上涨到高位出现棒槌形态时，巨量成交并且伴随着高换手率方可确认为顶部棒槌反转形态。在缓慢上涨途中形成的棒槌形态一般不具有顶部反转的特点，持股的投资者可以继续持股。

（2）是否为真正的顶部反转棒槌，可以在第二天由 K 线形态得到确认。

（3）显著的棒槌形态出现后，股价可能短时间内回落很多，投资者应该尽快卖出，以规避风险。

五、顶部十字星的卖出时机

顶部十字星：开盘价格和收盘价格几乎相同，没有实体或者实体非常小的 K 线形态。这种形态出现在高位的时候通常都是股价见顶的表现。

1. 顶部十字星意义

多空双方在股票交易的当天进行了殊死的争夺，最终因力量相差很小而难分伯仲，股票收盘价在开盘价附近。十字星在股价上涨的后期出现，通常都意味着价格将快速反转。

如图 8-19 所示，中南建设（000961）在见顶前出现白三兵形态，已经将上涨能量消耗殆尽，紧接着就是 K 线形态上收盘微涨的十字星形态。十字星形态正是多空双方争夺之后，无果而终的形态。既然不能提供连续上涨的能量，空方力量又没有达到无比强大的地步，股价只能保持弱势等待反转。正是"弱势当中无牛股"，股价在第二天即收出下跌的小阴线。接着股价越走越弱，跌幅也越来越大。

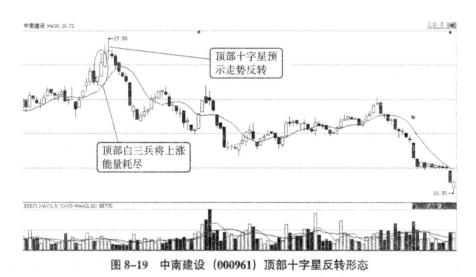

图 8-19　中南建设（000961）顶部十字星反转形态

2. 卖股注意事项

（1）由于十字星的实体非常小，所以在分析的时候可以只关注上下影线的长度，实体（不论阴阳）都可以忽略不计。

（2）股价经过"上涨之后"突然出现的"跳空"小十字星才更具有看空

的作用。如果不是这样的话，投资者就应该仔细研究一下再行定论。

（3）股价走弱的时候，可能成交量并不需要很大——即使收盘是反转十字星——股价也会反转。但有时候股价经过短时间的猛涨之后，突然某一天跳空上涨收出小十字星后，当天放出巨大的成交量，第二天股价反转的可能性就很大了。

第九章　胜庄必读

第一节　庄家的类型

一、大基金坐庄

股票型基金炒股的方式受到股民申购与赎回基金影响，在坐庄股票时手法上有一定的局限性。在大盘走势相对较好的时候，可能会适当地进行炒作；在大盘走势不良的情况下，就围绕某些基本面较好的蓝筹股之类的股票持仓不动。多数基金坐庄的股票走势上比较稳定，相比其他不安分的庄股，跟随大盘上下波动。多数基金庄家持股是很稳健的，他们通常以价值投资为导向，深入研究各行业各只股票的增长潜力后，才敢介入其中。如中国船舶、贵州茅台、中金黄金等。对于技术题材类的股票，基金是很少参与的。

二、券商坐庄

券商坐庄的股票与基金坐庄有异曲同工之处。即多数情况下持股不动，跟随大盘，一旦开始拉升股价，经常以放大成交量为股价拉升的标志，中短线操作者居多。券商在拉升股价的时候都是不惜成本连续拉升，属于一次到位的拉升类型。

三、上市公司坐庄

上市公司坐庄也就是公司的大股东坐庄，大股东中主要是大小非解禁后对股票的操纵。在市场好的时候，大小非可能在一段时间内持股，一旦时机成熟，大小非都可能是股价下跌的罪魁祸首。

四、大户和机构坐庄

大户和机构坐庄时，有自己的一套操作手法。在大盘波动加剧的时候，机构操作的个股不会随之大幅跳动。分时走势上委托买卖的价格经常可以相隔价格很长，没有确定的套路。从日 K 线上可以看出，机构操作的个股阴阳交错分明，带上下影线的 K 线形态是很少出现的。因为大户和机构投资者的资金量比较大，因而在成交量上经常放得很大。

五、政府坐"庄"

政府坐"庄"指的是像社保基金之类的、同政府有密切关系的大机构坐庄股票。政府坐"庄"时选股一般比较保守，目标是控制风险并且相对盈利。选股策略方面侧重于分析股票的基本面，基本上都是价值投资的拥护者。政府坐"庄"股票时，经常选择像仓储、运输、港口之类的品种，操作手法上比较拘谨。

六、强庄和弱庄

强庄的特点就是持仓量比较大，控制股票走势的能力比较强，股票走势往往能够按照庄家的意志任意拉升。但是在股票拉升完毕后，庄家想要马上出货是不容易的。若股票在短时间内配抛售的话，没有散户的配合股价将会大跌甚至以跌停价格报收，这样也会有损庄家。

弱庄因为资金量的原因，持仓量不会过多，不能对股价形成绝对的控制，因而股价的涨幅可能只有百分之几十。股票涨跌方向通常也同大盘走势一致。庄家一般会采用打压建仓手法，不断降低持仓成本。大盘跌的时候打压股价，涨的时候趁机拉高股价，适当的时候就卖出股票获利了结。

七、善庄和恶庄

善庄：在大牛市当中，庄家往往体现为善庄。庄家在牛市当中如果任意抛售股票，只能让散户捡便宜，这是庄家不愿意看到的。因而庄家只能通过不断震荡拉升股票，使得多数股民都获利丰厚。如果股民有幸买到这样的好股票，那么持股不动是最好的选择。只要牛市行情还在，或者公司基面没有大的变化，股民持股就会获得很好的收益。

恶庄：庄家也和散户一样，都是为了获利才参与股票炒作的，只不过庄家在操盘过程中，因手法不一样，才表现出庄家的不同之处。有的庄家实力雄厚，持股数量庞大，就能够在震仓过程中将股价打入谷底，让小散户损失惨重。而在拉升过程中又在短时间内将股价拉到顶点，让没能买到股票的小散户哀叹不已。这种费尽了力气让股民不赚钱甚至损失惨重的庄家，就是我们所说的恶庄。当然还有一种庄家资金量不是很大，他们为了拉升股价，必须想方设法摆脱"意志"不坚决的散户，这样在震仓过程中费尽心思打压股价，长时间限制股价大幅上涨。而在股价拉升到位后，散户们又会接盘庄家抛售的股票。

八、短庄和中长庄

短庄的特点就是快进快出，建仓速度非常快。通常是在大盘好转的时候，采取快速拉升的方式在短时间内收集筹码，快速地建仓，待到股价被拉升到一定高度后放大成交量，增大换手率，短时间内出货。这类庄家是抢反弹的短庄，他们趁股票和大盘绝地反弹时快速进出股票。如果这时候散户接盘买入股票，却再没有庄家继续买入，那么等待股民的只有每天的阴跌不止了。所以在买入这种股票的时候，股民一定要慎重考虑，当然短线手法过硬的股民可以大胆进入，在庄家有出货迹象的时候提前减仓。

中长庄在操盘时间和操作手法和短庄就完全不一样了。他们选择股票时往往不是凭借消息来拉升股票，而是通过分析基本面，如公司的盈利情况、负债情况等。中长庄通常要花费相当长的时间来建仓、洗盘，拉升股价的时间也比较长。被庄家操控的股票通常都是可以翻几倍甚至十几倍的大牛股。如果股民买入这样的股票，可以长时间持有，等待股价拉升到一定程度之后再行抛售。而一旦庄家想要出货，庄股的走势通常也会是长时间的阴跌，股民不能指望股价走势短时间内回暖。

九、新庄、老庄和被套庄

新庄：顾名思义就是刚刚选定某一只股票，并且建仓完毕的庄家。这样的庄家还没有来得及拉升获利，在相当长的时间内将对股票不断洗盘操作，为以后的拉升做准备。因此，股民在买入新庄控盘的股票时，要有耐心，不论庄家如何洗盘，不能轻易就把股票卖出。

老庄：老庄在对股票控盘过程中，有了自己的操作策略，而且在很长的时间内具有一定的连续性。因此，股民在对待这种庄家的时候，应该多参考历史中庄家的操盘手法，总结一些庄家惯用手法，这样可以帮助股民避开庄家洗盘的陷阱，减小不必要的损失。

被套庄：在买入庄家被套的股票时，股民要小心区分洗盘和出货行为。因为被套庄本身就存在现实的亏损，在到达停损价位时，一定会想办法出货，一旦庄家出货将会对股价造成很大的冲击。在买入股票前，可以根据成交量和股价判断一下庄家的持仓成本，在适合的价位买入股票。只要股价没有涨到被套庄的价位之上，庄家出货的可能性就不是很大，股民可以放心持有。

第二节　庄股的特点及认定

一、庄股的特点

（1）量能放大：能称为庄股的股票必然是大资金进入后被控盘的股票，大资金要想控盘必然要通过建仓获得大量筹码，那么这一过程只能通过成交量放大来实现。庄家在建仓庄股的时候表现出的放量尤其明显，多数情况是上涨时放量上攻，下跌时缩量成交。而在庄家出货阶段，也需要成交量不断放大的配合，才能顺利实现股票的换手，使得滚滚利润入袋为安。所以说庄股的成交量不可能是平白无奇的，放大的成交量并伴随着适当的换手率，可以实现庄家建仓这一过程。较小的成交量使得庄家需要长时间才能完成建仓，这必然会增加庄家的持仓成本，这也是庄家不愿意看到的。

（2）股价异常波动：庄家在运作庄股时，必然会引起股价的异常波动，当然异常波动不一定是股价上涨。股价异常波动通常表现为股价在建仓或拉升阶段的大幅上涨、洗盘和出货阶段的大幅下跌或者在控盘时不随大盘走势的横盘整理以及不随大盘的上涨和下跌等。

（3）平均成交量高位运行：庄家在买进或者卖出股票时，必然伴随着平均成交量的持续高位运行。虽然庄家不肯暴露身份，让散户清楚地看出其一举一动，但是平均成交量的变化是无法隐瞒的。庄家的资金量是散户不能够相比的，通常是动辄几百万、上千万、上亿资金，这么大的资金量进进出出某一只股票，反映出的成交量必然阶段性放大或者持续一段时间的高位运行。

（4）股东人数变化：庄家控盘一只股票是有过程的，在建仓、洗盘、控股拉升阶段，庄家的持股数量会持续攀升，而股东人数不断减少。在公司报表上可以看到持股数量相近的大股东账户，这些账户持股量增加很多。随着股票价格被不断拉升，散户数量会不断减小，当股价上涨很高时候，庄家高位出货，散户数量又会慢慢增加。

（5）侧重小盘股：小盘股的流通市值比较小，很多只有十几亿的资金，这么小的流通市值，庄家很容易在短时间内收集完筹码，对股价进行操控。由于小盘股市值小，被爆炒时不容易带来股市的大幅震动，不容易引起监管层和股民的注意，因而深受庄家的青睐。当然庄家的实力与日俱增，短时间内爆炒大盘股也变成了现实。

二、庄股的认定

庄家在控盘之前对股票的建仓、洗盘以及拉升等都会露出一些线索，而且不受庄家操作手法的影响。认定庄股可以从成交量变化、换手率变化和股价波动特点等方面分析入手。

（1）成交量变化：庄家在建仓的时候，股价底部明显放量，显示出庄家大胆买入股票。尤其价跌量缩、价涨量升更能说明问题。

（2）换手率变化：换手率一般是跟随股价呈现出比较连续的状态。如果换手率在股价低位保持相对的高位，很可能是庄家利用成交量和换手率的配合在买卖股票了。

（3）股价波动变化：通常大多数股票的走势跟随大盘而动，如果股票明显摆脱大盘的影响，走出单边的市场来，很可能庄家早已进入其中了。例如，在大盘上涨时，股价保持盘整或者下跌，大盘下跌的时候股价持续上涨，这些走势都不是一般的股票所能走出的。长时间走出单边市的股票，很可能有强庄在其中进行操作。

第三节　庄家的操盘手法

一、从盘口窥测中长线庄家的动向

从 K 线图中不能看出的东西往往在盘口中可以看出来。不论庄家多么狡猾，总能够暴露出一些有价值的线索来。尤其在庄家的急速拉升、打压的操作中，可以窥见庄家的一举一动。

1. 开盘时股价被大幅拉高

开盘时股价被大幅拉高的情况在股市中很常见，庄家想要进行建仓、洗盘、拉高等动作，在开盘的时候就能够露出一些马脚来。若庄家在开盘时猛拉股价，短时间内股价又有回落，可能是以下的情形：一是庄家利用开盘集合竞价大胆买入股票，为当天的拉升做准备。在股价拉升到一定高度后，散户想要买入股票的话，成本必然提高，庄家显然占很大的优势。二是庄家的试盘手法，如果上档抛压很大的话，股价可能会瞬间回落。而庄家也可以趁机打压股价再次洗盘，直到浮筹清洗干净为止。三是庄家拉高前的动作。如果庄家想要拉升股价，最为直接的动作就是高开高走，直接将股价拉到目标价位。还有更为激进的庄家将开盘价格拉升到涨停板上，这样做庄家就不一定是在拉高股价，可能是为了吸引买盘，便于当天的出货，才将股价拉到涨停价位的。

2. 开盘时股价大幅低开

开盘时股价大幅低开，如果后市股价继续走弱，并且配合大成交量的话，股民就要小心了。尤其是 K 线图中处于高位的股票，很可能是庄家已经在出货了。若股价缩量下跌，也不排除庄家利用股价低开低走的机会，当日完成部分建仓操作。

3. 盘中股价的异常波动

由于庄家的资金量大，很小的动作都会带来股价的大幅波动。股价被庄家瞬间拉升，然后回落，说明庄家可能在试盘，试探拉升后抛压是否严重。股价被庄家瞬间打压到底部，无量下跌的话，有庄家洗盘的嫌疑，特别是在股价底部放量的情况。当有成交量配合股价下跌的时候，庄家出货的动作就很明显了。

4. 收盘前股价被瞬间拉高

收盘前瞬间拉升股价对投资者来讲无疑是很突然的，股民还没有做好买股的准备，股价已经被拉高。并且由于收盘的原因，想卖出股票的散户也不得不持有股票。

收盘时候拉高股价对于资金量小的庄家是很有利的。如果庄家想要拉升股价，又不想引起散户抛售股票，在尾盘短时间内拉升股价无疑是不错的选择。

5. 收盘前股价大幅跳水

若当天股价一直在高位运行，突然在收盘时股价大幅向下跳水，这对于投资者来讲无疑具有很大的冲击力。尾盘跳水可以是庄家洗盘的动作，利用尾盘跳水就可以在K线图上画出阴线，便于吓走持股不坚决的投资者。当然也利于庄家在第二天开盘时低位拉升股价。

二、庄家的"建仓"行为

庄家"建仓"的目的：一是获得廉价筹码，二是提高散户持仓成本。庄家获得廉价筹码是日后控盘操作股票的先决条件，有了足够的筹码后，庄家可以任意打压股价，待到拉升的时候快速涨停，使得散户没有机会参与股票炒作。在洗盘时，意志不坚决的股民被甩了出去，等到股票真正上涨的时候，抛盘的压力大为减小，庄家就可以顺利拉升股票了。当然，庄家建仓过程是很隐蔽的，不过再"狡猾的狐狸"也有露出马脚的时候，以下将就庄家的"建仓"行为逐一为股民破解。

1. "横盘"建仓法

"横盘"建仓是说庄家利用资金优势，在一个小的区间内不断地打压股价，实现庄家建仓的目的。在这个过程中，股价通常波动很小，而且价格经常性地被庄家大量抛盘打压，造成股价涨不上去也跌不下来的窘境。散户们经受不住股价长时间的盘整、阴跌，而逐渐卖出手中的股票。这时庄家就大举买入股票，成交量经常性的放大就是庄家买进筹码的征兆。由于股价的小幅波动，建仓的成本可以得到有效的控制，庄家顺利地实现了建仓过程。

当然这种建仓方式对于股民是很幸运的：股民可以清清楚楚地看出庄家的持仓成本，根据庄家持仓成本，散户可以和庄家同步建仓股票。而且在以后的股价拉升过程中，避免由于庄家的震仓而卖出股票，而在庄家出货的时候也能为股民提供一些重要参考。

在遇到这种庄家建仓手法时，股民的浮躁是最大的敌人，此时最需要的就是耐心——买入股票，耐心持有。等待庄家长时间的建仓完毕后，股价突破了这个股价区间，真正的拉升阶段才到来。

如图 9-1 所示，白云山 A（000522）的庄家就是采用"横盘"建仓法。

白云山 A（000522）在 2009 年 5 月到 10 月底长达将近半年的时间里，股价几乎在一个箱体里边横盘整理，除微幅下跌以外，几乎没有任何动静，成交量小幅放大。也就是在这段时间里庄家完成了建仓，之后在月初成交量放大、连续拉升股价，几乎是一天一个台阶地涨了上去。

2. "缓升"建仓法

股价经过长时间的下跌以后，成交量萎缩到平均成交量以下，买盘数量

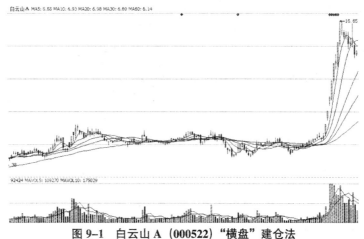

图 9-1 白云山 A（000522）"横盘"建仓法

不足，股票交易相当不活跃。这时候庄家如果逐步买入股票，股价就会随着买盘的增大而逐渐上涨。当然这样缓慢的上涨建仓在初期是不容易被发现的。

缓慢上涨建仓法比横盘建仓方法激进了一些。庄家在缓慢拉升股票时，逐渐放大成交量，换手率也相应地提高，最后完成吸货。当然庄家这样拉升股票也是另有原因的，如在牛市初期，市场上涨升一片，投资者全都趋之若鹜地进入到股市中，资金推动股票不断上涨，这时候只要基本面问题不大的股票都可以涨。而且如果庄家这时候还想打压股价，那就正好给散户们一个买入股票的机会。资金量小的庄家通过缓慢拉升股价建仓，可以节约资金成本。

如图 9-2 所示，大杨创世（600233）的庄家就是采用"缓升"建仓法建仓的。

大杨创世（600233）在下跌时成交量非常小，说明很少有大资金关注这只股票。由于缺少人气，成交量稀少，股价长期微幅阴跌不止。但是随着上证指数在 1600 点（2008 年 11 月初）以上开始触底反弹，大杨创世成交量也开始温和放大，股价逐渐摆脱颓势开始慢慢上涨。正是因为缓慢的增量资金的推动作用，才使得股价逐步脱离底部，涨升到一个新的台阶。从图中可以清楚地看到庄家拉升过程中，股价并没有大幅上涨，而是一直沿着一个小角

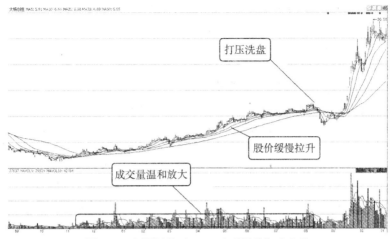

图 9-2 大杨创世 (600233) "缓升"建仓法

度小幅度缓慢上行。庄家采取的这种缓慢拉升的建仓手法，使得持仓成本有增无减，所以不到不得已，庄家是不会轻易让股价大幅上涨的。在股价到达一个新的高度以后，庄家持有的筹码已经足够多的时候，庄家把股价向下猛烈一砸，使散户纷纷抛售股票，然后好戏开始了——股价突破建仓平台，飞速上涨了。可谓建仓、打压洗盘、拉升三部曲一气呵成。

庄家缓慢拉升股价建仓，这样可以避免其他大资金的介入，同时不断拉升股价，也抬高了散户买入股票的成本，可谓一举两得。这种操作手法，才使得庄家的持仓成本一直控制在相对的低点，达到了庄家建仓的目的。

3. "暴涨"建仓法

"暴涨"建仓法是庄家通过短时间内股价的拉升实现建仓过程。资金量大、手法过硬的庄家会采取"暴涨"建仓法。

牛市当中经常有被庄家忽视的股票，这些股票在大盘上涨初期无人问津，当被强庄看重的时候，限于当时的市况，庄家采取缓慢拉升股票的方式已经不可能实现建仓，这样庄家就利用自身实力接连拉升股价。股价被庄家在短时间内拉升到新高度，如果股民有幸早一天买入这样的个股，短期的收益还是很可观的。

　　"暴涨"建仓其实更像是庄家的抢购行为，为了拿到筹码，庄家不惜花费重金拉高买入。虽然庄家在拉升股价过程中提高了持仓成本，但是也基本扫清了阻力——多数套牢的股民可以解套出货，盈利的股民可以跟随庄家一起持有股票。这样的股票在经过庄家快速拉升之后，庄家已经顺利完成建仓，由于建仓成本比较高，庄家是不会轻易出货的。这时股价往往会小幅盘整一段时间，继续被庄家抬高，股民可以再持有一段时间而后进行抛售。

　　如图 9-3 所示，荣华实业（600311）就是利用"暴涨"建仓法建仓的。

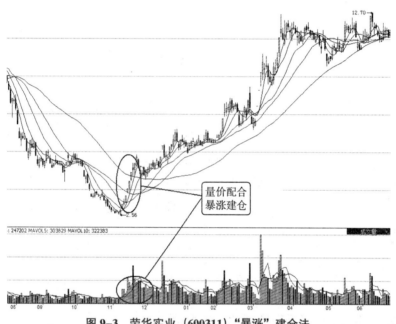

图 9-3　荣华实业（600311）"暴涨"建仓法

　　荣华实业（600311）在上涨之前一直阴跌不止，成交量没有任何放大的迹象。但是在 2008 年 11 月 10 日形势大转，股价突然放量上攻，当日成交金额 10878 万元，是前一日成交金额 3976 万元的 2.74 倍，股价接连上涨，成交量也翻倍上扬。庄家在一片大涨当中完成了初步的建仓。在以后的走势中可以明显看出来，荣华实业（600311）这只股票价格被庄家不断抬高，打压只是短暂性的，上涨才是真正的大趋势。

　　使用"暴涨"建仓法的庄家在实力上一定是毋庸置疑的，后市只要跟定庄家，收益一定是很可观的。就如同荣华实业（600311）这样的股票，不仅在成交量和股价方面暴涨，而且换手率也在突破后上涨到每天6%以上，这样的换手率，正好适合庄家建仓，股民应该早做打算才是。

4."狂跌"建仓法

"狂跌"建仓是庄家利用手中的筹码大力抛售打压股价，使股价短时间内破位下跌，这样就造成中小股民的恐慌性抛售，庄家在这时顺势而为、将筹码全部收入囊中，既降低了持仓成本又达到了建仓的目的，可谓一举两得。这个时候就暴露出庄家的真正本质，为了盈利不惜血本操作股价。

这一建仓手法最大的好处就是可以大大降低持仓成本，庄家可以利用低成本优势在以后的操作中任意控制股价。

当然打压股价也要选择好时机，只有在股市低迷的时候适当地打压才会很有效。当牛市行情被投资者普遍接受的时候，打压股价只会给其他投资者参与买入股票的机会，庄家就达不到建仓的目的。庄家只要配合市场走势，趁大盘下跌借机打压股价，造成股民的恐慌性抛售，便可以收到良好的建仓效果。

三、庄家的"洗盘"手段

牛股就是在不断震荡上涨中，不断实现突破的。庄家在控股某只股票后，会通过阶段性的洗盘拉升来不断地获取收益。因此只要没有充分的上涨，庄家就不会轻易获利了结。

庄家经过建仓以后想要不断地充分拉升股价，必须把意志不坚决的股民"清除"出去。这样庄家就开始了洗盘动作。洗盘的手法不尽相同，从股价走势和成交量关系来看大体分为以下几种：

1.短暂横盘洗盘法

股价在拉升到一个阶段性的高点时，通常会莫名其妙地下跌到一个小平台，停止不前。这种走势在大盘涨幅不大或者上下震荡时经常出现。盘整时间少则几个星期，多则一两个月。如果股民意志不坚定，在此阶段稍有松动卖出股票，以后看到股票再次突破上涨并且创新高时，将会后悔莫及。

庄家也正是利用了散户投资者心浮气躁、承受能力差的弱点，长时间地横盘操作，使得股票不涨不跌。股民卖出股票的时候，庄家还可以趁机买入筹码，即使不买入筹码的话单从散户持仓成本太高这一点来看对庄家也是非常有利的，这样更加便于日后的股票拉升。

如图 9-4 所示，西昌电力（600505）就是短暂盘整洗盘方式。

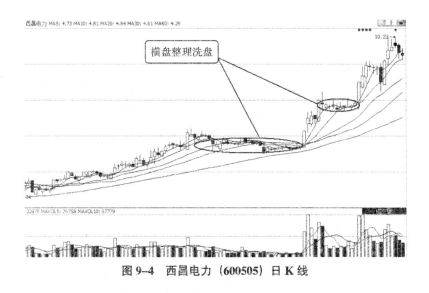

图 9-4　西昌电力（600505）日 K 线

西昌电力（600505）在 2009 年 5 月 13 日前经过长时间缓慢上涨后停止上涨，转为横盘整理状态，从 5 月 13 日到 6 月 26 日近两个月的整理中，股价几乎丝毫未动。如果股民嫌股价上涨太慢卖出股票的话，那就错过了以后的大好涨势。2009 年 6 月 29 日该股以 10.08% 的涨幅报收于当日最高价 6.77元/股，成交量放大为前一天的 8.38 倍。接连涨幅后又是连续 10 天的横盘不动。股价横盘不动的原因难道是庄家要出货了吗？当然这种可能性还是有的，但是看一下成交量就能明白，庄家不可能在出货，因为成交很清淡。那么倘若是盘整的话，是不是又要经历两个月的时间呢？答案是：在横盘整理

10天后，庄家已经迫不及待地开始拉升股价了。

其实采取短暂横盘整理的方法洗盘，从侧面反映出庄家实力雄厚，控盘能力相当高，庄家不用打压便可以在以后轻松拉升股价，这样的股票日后的涨幅是很大的。股民买到了股票之后应该耐心等待股价向上突破。

2. 弱势整理洗盘法

若股价在上涨过程中人气特别旺，散户纷纷抢购股票或者在股票下跌的时候主动买入股票维护股价，那庄家该如何操作呢？这时除了短时间横盘整理洗盘，庄家还可以把战役拉长，长时间控制股价，阻止股价上涨。

在大盘走势良好、个股涨升一片的时候，长时间内停止上涨的个股最能考验散户的承受力了。试问有几个散户看到其他个股大涨而不会心动、不去换股操作呢？只要散户换股就达到了庄家洗盘的目的。庄家没有采用下跌的手法，只是让股票停止涨升就达到了目的，这样做的好处就是想使买入股票的散户得不到廉价的筹码，便于以后庄家拉升股价。

如图9-5所示，莲花味精（600186）就是长时间弱势盘整洗盘的。

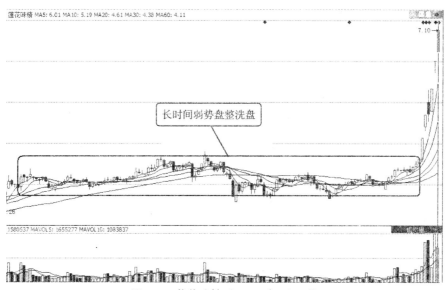

图 9-5　莲花味精（600186）日 K 线

和上涨中的短暂性洗盘不同的是，弱势盘整洗盘的时间之长、股价波动之小、是一般股民无法耐心等待的。图9-5显示出莲花味精（600186）自从2009年5月开始到11月初，长达半年多的时间里股价停止不前，盘整即将结束的时候股价在几天内强势横盘，最后涨停突破阻力后连续上攻。

3. 短暂暴跌洗盘法

庄家洗盘的目的是很"单纯"的，就是把低价买入股票的投资者吓唬出去，让其他股民买回被抛售的股票。这样一来就使股票在散户之间实现了换手，庄家的持仓成本是不变的，因为庄家实际上没有卖出股票。与此同时，散户的持仓成本增加了，因为散户在相对高位买入了意志不坚定投资者抛售的股票。例如，庄家的持仓成本是10元，在股价涨到19元的时候庄家开始砸盘，猛烈打压股价，使股价跌至14元。这样新进的股民持仓成本最低也要在14元以上，庄家的持仓成本要低4元，即使股价跟随大盘下跌，庄家也是有一定主动权的，因为庄家在10~14元是盈利的，而散户则不然。

洗盘方法多种多样，只要庄家能使散户卖出股票，使股票在散户之间完成换手，进而提高散户持仓成本即可。其中暴跌洗盘方法是比较残酷的手法。庄家利用手中的筹码，短时间内把股价打压下去，如果这时候正赶上大盘走势不好，手上的股票跌得一天比一天低，最后，散户不知所措地卖出股票正好中了庄家的计。

能够使用这种暴跌方式洗盘的庄家——不论是在资金还是操作手法上——弱小庄家都是不能够比拟的。没有足够的筹码，没有细腻的操作手法，想必庄家也是不敢轻易动手的。

一般庄家采用暴跌手法洗盘时，下跌时的成交量是越来越小的，也就是缩量下跌或者说是无量下跌。因为庄家真正的目的是洗盘，而不是卖出筹码，因此，下跌中的缩量也就不足为奇了。

如图9-6所示，四川路桥（600039）就是采用短暂暴跌的方法洗盘的。

四川路桥（600039）在2010年1月21日开始跟随大盘下跌，到2月1日收盘价为7.95元/股，总计下跌14.9%。在下跌过程中可以明显看到成交

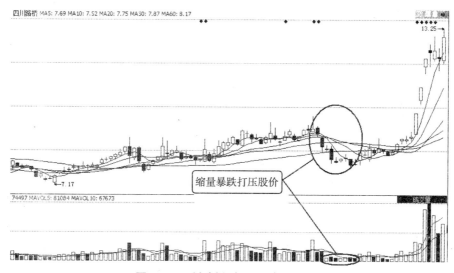

四川路桥 MA5: 7.69 MA10: 7.52 MA20: 7.75 MA30: 7.87 MA60: 8.17

缩量暴跌打压股价

74497 MAVOL5: 81084 MAVOL10: 67673

图 9-6　四川路桥（600039）日 K 线

量极度萎缩。这时候股民应该大胆买进股票，之前已经买入股票的股民也可以放心持有，因为庄家在无量下跌当中还没办法把筹码卖出去。

接下来正如预料的那样，股价在成交量的配合下轻易地上涨了，从 7.95 元/股涨到 13.25 元/股，涨幅竟然高达 66.7%。从成交量和股价的配合关系上很容易看出，下跌之前还有一段持续的放量微涨阶段，很可能庄家还在买进筹码。这样的综合判断下，股价是不会大跌的，毕竟庄家没有逃走，真正目的是洗盘。

4. 分时图中看庄家洗盘手法

庄家洗盘的动作可以从 K 线图中看出来，而分时图中也可以看出些蛛丝马迹来。如果股民可以结合两种图形预计出庄家是在洗盘的话，那么几乎可以断定庄家确实是在洗盘了。当然分时图中的洗盘动作也不外乎以上所说的三种情况：短暂横盘、弱势整理和短暂暴跌洗盘法。

如图 9-7 所示，龙净环保（600388）是分时洗盘手法。

从分时走势图中可以看到，股价在开盘后半小时内曾经短暂上涨。不过这时的上涨并未有成交量的配合，股价呈缩量上涨走势。说明庄家当天并未

龙净环保 600388

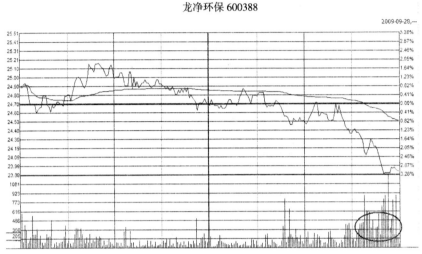

图 9-7　龙净环保（600388）分时洗盘手法

要拉高股价。随后股价急转下跌，并且下跌的走势一直延续到收盘创新低。从图中的成交量可以看出，其一直维持在缩量状态。

下跌当中没有成交量配合，庄家究竟有何用意呢？

从收盘前半小时的成交量来看，有很明显的放量迹象。结合当时日 K 线图中股价所在的位置，可以判断庄家是利用洗盘打压股价的机会，疯狂地建仓。否则收盘时成交量也不会放得这么大，集中放量接盘只能是庄家的作为。

庄家利用暴跌洗盘的机会，在股价的最低点（当天股票交易的最后半小时），又一次完成了建仓，而股民则把手中的股票——卖出。庄家低位建仓为以后的拉升股价创造了机会。

四、庄家的"拉升"动作

庄家经过巧妙地洗盘操作，将那些持股不坚决的股民一扫而光。接下来好戏才刚刚登场，庄家对股价的拉升阶段开始了。

拉升股价可谓庄家的唯一目的，只有通过股价的拉升上涨，庄家才能出货实现盈利。但拉升股价也是要选择适当的时机才能操作的，如果时机不成熟反而起不到应有的效果。除非庄家的筹码相当充足，能够接住相当的抛盘，否则就会前功尽弃。一般庄家选择拉升的时段都是大盘向好的时候。大盘上涨时投资者看好后市，拉升股价就不会引起过多的抛盘，有利于庄家操作。

经过洗盘的股票在被庄家拉升之前价格都稍微低一些，庄家一般会在这时慢慢抬高股价，然后顺势拉起股价。当然在拉升过程中也免不了短时间的再度洗盘，只有股价涨到合适的价位时庄家才肯获利了结。

庄家拉升股价动作：

1. "关门打狗" 拉升法

"关门打狗" 拉升法也就是用拉涨停的方式拉升股价。这种操作手法多见于实力雄厚、持股数量又相当庞大的庄家当中。因为实力雄厚，在庄家拉升股价到涨停时，庄家可以将抛售的股票照单全收，维持股票价格在涨停板上。K线图上显示的都是一字星，股价没有经过任何的中间过程，开盘即报涨停，而且能够维持到当天收盘的时候。这样散户想买都买不到股票，仅有的一点抛盘根本不够。而且从分时走势图中的委比就可以看出，涨停后+100%的委比，把股价死死地封在了涨停板上。

采用这种操盘手法的庄家，控盘能力是非常强大的，不管他是出于什么原因买入的大量筹码，股民只要买入即可，因为这样的股票走势是非常利落的，不会徘徊不前。缩量下跌，像模像样地洗盘；放量上涨，像模像样地吸筹。只要股价不长时间在均线以下，股民就可以持有股票、耐心等待庄家拉升。

如图9-8所示，万好万家（600576）就是 "关门打狗" 拉升法。

万好万家（600576）在2009年的前5个月中，庄家利用成量的放大、换手率提高完成了建仓，在5月18日拉出第一个涨停板，以后每天都是以涨停价开盘，连续6个涨停板后才被打开。见到这样的牛股，如果不是在第一时间内买入股票，恐怕就只能后悔莫及了。

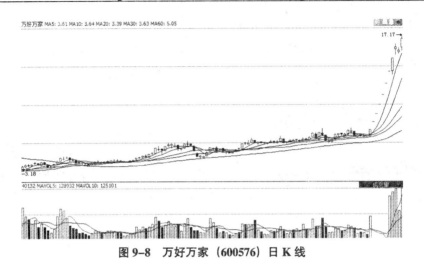

图 9-8　万好万家（600576）日 K 线

2. 稳步拉升法

采取稳步拉升法的庄家是属于做事不瘟不火的。因为股价的走势实在是太稳定了，股价始终在均线之上延续上涨趋势，从未有过猛涨猛跌的时候，每天都是按照自己应有的节拍上涨。

同市场上猛涨猛跌的股票不同，这种稳步拉升的股票是累积性的上涨。每天都有一定的小涨幅，而且涨幅不大。这种股票给人的感觉好像没什么前途，上涨缓慢、涨幅过小。但是细心的股民会体会到，这种"小步慢跑"的上涨方式实际上存在着无可限量的涨幅。众所周知 U 形底反弹的股票是上不见顶的，那么这种稳步拉升法上涨的股票走势图就是 U 形反弹的前奏。同 U 形反弹上涨一样，在股票的涨幅后期，庄家一般是要猛拉股价的。耐心持股等待狂拉股价就是散户们的理想选择。

如图 9-9 所示，芜湖港（600575）就是这种稳步拉升法。

芜湖港（600575）在 2008 年 11 月 3 日创新低 2.49 元/股后，股价开始逐步反弹。小阳线一直伴随着股价上涨到 16.10 元/股。在此期间从未有过跌破趋势线的下跌，股价在均线之上稳步上行。虽然涨幅很小，但经过近 10 个月的上涨后股价竟然也翻了 6.47 倍，可谓真真正正的大牛股了。

图 9-9　芜湖港（600575）日 K 线

3. 波动拉升法

　　相对于稳步拉升法，阶段性拉升看似涨速很快涨幅也很大，其实不然。这当中穿插了很多庄家洗盘的动作，股价在庄家拉升的时候就向上涨一些，打压的时候几乎又回到原来的价位，上涨真可谓一波三折。这样的股票也是最能锻炼股民的意志了。如果股民心理素质不佳的话，在上涨时不敢卖出，下跌时又明知赔钱还要卖出，经过几次折腾就承受不住而选择出局，这就正好上了庄家的当。庄家这样波动拉升股价，既完成了洗盘又降低了持仓成本，可谓赚得盆满钵满。

　　庄家采取波动拉升的方法有其自身的原因：如资金不足，持有的筹码不够多。这种情况下狂拉股价的话只会造成日后股价的大跌而使庄家无法应对；当然也有庄家自己偏好的问题，庄家惯用的手法是边打压股价边拉升，那么采取这种方式也未尝不可；市场上疯狂买入股票的散户也会给庄家一定的压力，庄家赚钱的时候一定不希望散户也跟着买进，所以才不断地打压股价，减小日后抛盘压力。

　　通过波动拉升的手法拉升股价，有其规律性的一面：股价有节奏的上涨下跌。股民可以通过技术分析看出庄家的操作手法，然后跟庄家一起高抛低吸，或者是在低点买入不动、等待股价上涨。

　　如图 9-10 所示，现代制药（600420）就是波动拉升手法。在拉升过程中，开始的波动幅度很小，拉升比较稳定，到后来波动幅度越来越大，基本上是涨到一个新的小高点时就下跌到原来价格的至少 2/3 处，这样股民如果做短线的话，收益不会很高，而且有可能亏损。这时最好就是打压到低点时买入一些，等待股价上涨。只要股价向下不破趋势线，股民就可以放心持有股票。

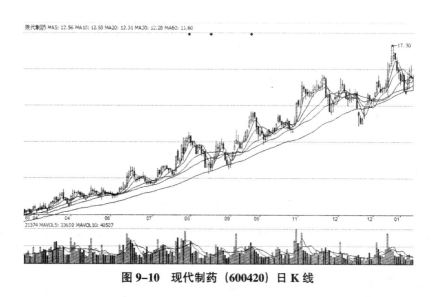

图 9-10　现代制药（600420）日 K 线

4. 分时图中拉高手法

　　分时图中的拉高手法同 K 线图中的拉高手法是相通的，只不过分时图中拉高手法更复杂一些，不像 K 线图中省略了好多过程（只是描述大的趋势），从分时图中可以看出庄家拉高的每一个步骤以及每一种拉高手法。

　　庄家在分时图中拉高手法也不外乎上边提到的"关门打狗"拉升法、缓慢拉升法、震荡拉升法等。只要能达到庄家拉高的目的，拉升方法不是什么问题。当然，健康的拉升方法还是量价配合，稳步拉升股票，毕竟没有成交量的配合很难有值得一提的上涨行情出现。

　　如图 9-11 所示，天通股份（600330）在 2009 年 9 月 11 日开盘即上涨，而后经过短时间的调整，股价小幅下跌，成交量萎缩。庄家经过短时间的洗盘后开始拉升股价。在成交量上升的配合下，股价第一次拉升到了 3.72% 涨幅的小平台，缩量暂停之后进行第二次拉升，到 7.43% 涨幅的小平台，缩量暂停之后又开始第三次拉升，股价在巨大成交量配合下出现涨停。一直到收盘为止，股价没有打开涨停板。庄家在以上三次操作中经过三次大幅拉升，终于将股价拉到涨停位置。

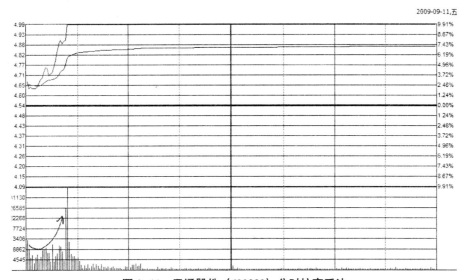

图 9-11　天通股份（600330）分时拉高手法

　　虽然从分时图上看庄家拉升股价只是发生在半小时内，但从手法上看，庄家采用了开盘即上涨的"关门打狗"方式。首先提高了散户的买入成本，然后缩量短时震仓，最后经过放量上涨、途中打压的方式收于涨停价格。可见庄家的拉升过程中，每一步都有据可循。只要股民认真分析其中的关系，应该可以抓住涨停机会，同庄家一起获利。

五、庄家的"出货"伎俩

庄家获利丰厚的时候，要想获利了结必须采取隐蔽的方式出货才行。但是不论是以什么方式出货，都会露出一些蛛丝马迹。具体表现在：成交量必然放大，换手率有所提高，股价大幅波动。庄家出货的时候会大量卖出股票，如果股票在同一时间大量卖出，必然引起成交量的大幅上涨，换手率也会很大，若接盘的散户够多的话还会引起股票的大幅下挫。

针对庄家出货的特点，可以看出庄家出货的方式有以下几种：

1. 高位震荡出货

高位震荡出货是庄家惯用的手法之一。股价上涨到新的高度以后开始停滞不前，在一个区间当中反复上涨下跌。上涨的时候往往是时间很短，而且伴随着成交量和换手率的提高；下跌的时候时间比较长，而且股价自达到顶部后不断向下创新低。这时候往往就是庄家在出货了。如果庄家采取这种出货方式，股票的走势通常都很弱，而且阴跌不止。庄家采取此种方式出货原因有两个：一是想利用股价每次拉升的机会不断卖出股票，获取更多的利润；二是庄家可以利用震荡走势避免股民的大幅抛盘，减小自己不必要的损失。

庄家利用震荡出货周期长的特点来麻痹股民的意志，使股民对于不断的亏损习以为常，但是一旦股价突破支撑、破位下跌的话，下跌的走势将一发而不可收。股民再不抛售股票的话，被套在其中就很正常了。

如图9-12所示，中国软件（600536）就是震荡出货手法。

中国软件（600536）在2009年4月15日创下反弹的新高32.85元/股后，庄家开始采用高位震荡的方式出货。从图中可以清楚地看到，庄家在震荡初期，通过三次短时的剧烈拉升，明显地放大成交量和提高换手率，不断地卖出手中的筹码。第三次通过拉升抛售股票，成交量放出天量，结果是股价跌破盘整区域，从7月30日的29.85元/股下跌到19.85元/股，跌幅达

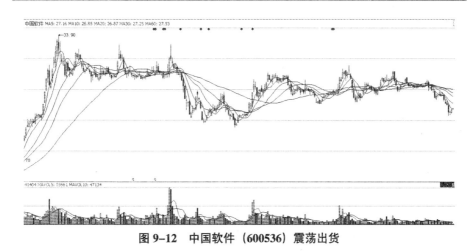

图9-12 中国软件（600536）震荡出货

33.5%。经过一段反弹上涨后，股价只是触及前边的盘整价位，之后股价越走越弱，说明庄家已经完成拉升出货的动作，股价将延续下跌的趋势。

2. 拉高诱多出货

在牛市当中，股票的涨幅都很大，庄家一般获利都很丰厚，出货方式也经常是大幅下跌出货。这种连续出货的方式可以在短时间内获利，但是引发的散户抛盘也是很汹涌的。而且即使庄家完成了部分出货，剩余的部分股票可能是亏损的，而亏损的股票在弱势中解套都是很难的。为了使出货操作不被动，庄家通常还会采取比较主动的手法出货，这就是"拉高诱多出货"。

拉高诱多就是庄家在抛盘出货之前，先大幅拉升股价，从而引起跟风盘的注意，将股价拉升到新的高度，给股民以庄家继续做多的假象。当股价拉到位后，行情立刻转向，庄家大量抛售股票使股价短时间内大幅下挫。

庄家利用拉高诱多出货法时，当出货完毕后，在K线图上通常表现为近似倒V形的反转形态。拉高到股价高位时，成交量急剧放大、换手率提高，显示出庄家抛盘的明显意图。而且从当日K线上看，经常可以看到上影线很长的阴线、星线或者吞噬形态等，如果股民认真研究走势，不难分辨出高位反转的各种形态，为避免下跌风险做最后的准备。

图9-13为福建南纺（600483）的拉高诱多出货法。

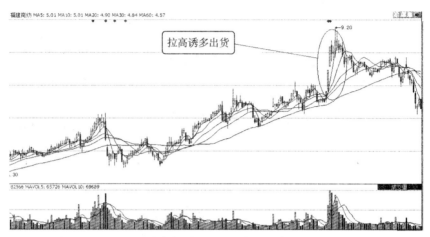

图 9-13　福建南纺（600483）庄家拉高诱多出货法

　　福建南纺（600483）在经过长时间的缓慢上涨后于 2010 年 2 月 22 日和 23 日以涨停价报收。庄家利用资金优势接连拉出两个涨停板，连续 6 天成交量放大到平时的 5 倍以上，最高换手率达到 20.99%，6 天平均换手率达到 16.48%。从这些反常的数据中看出庄家开始出货了。短短的 6 天巨量成交当中，庄家的筹码换到了散户手中，紧接着是股价的连续大幅下跌。

　　其实结合当时大盘连续下跌的事实，不难发现很多庄家都像福建南纺（600483）的庄家一样，采取跟随大盘走势的拉高出货手法。这种手法如果说在大盘上涨的时候还有些欺骗性，股民可能以为庄家在做同样的拉升动作，那么在大盘走弱下跌的时候，就不难辨认庄家的出货动向了。因此，股民一定要认清楚大的趋势，把握好走势，该抛售的股票要尽早了结。

　　3. 放量下跌出货法

　　股价顶部一旦到来，将给投资者带来很大的威胁，不管股价保持上涨还是震荡走势，下跌将是不可避免的。之前介绍的"高位震荡出货"、"拉高诱多出货"都是相对温和的庄家出货方式，有的庄家还可能采取更为激进的出货方式，让股民的获利梦完全破灭，这就是放量下跌出货法。

　　放量下跌出货法表现为：股价在庄家大量抛售股价的作用下，表现出从上涨到放量下跌的走势。庄家控制股价连续上涨的能力好像一下子消失了，失去控制的股价连续杀跌。那么庄家真的对股价无能为力了吗？其实不然。正是因为庄家的控盘能力很强，股票才会放量下跌的。因为散户投资者不可能将成交量在短时间内放大很多，所以能做到巨量成交促使股价下跌的非庄家莫属。

如图 9-14 所示，惠天热电（000692）在经过 2009 年一年多时间的涨升后，终于在 2010 年 4 月 23 日开始放量下跌。股价在庄家连续抛售的作用下，成交量放大到 3.37 倍，换手率达到 9.25%，股价下跌达到 29.27%。

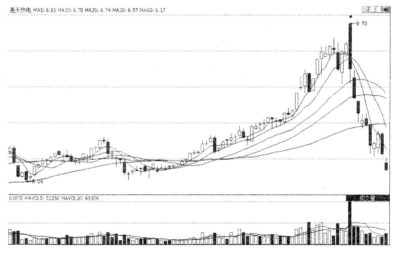

图 9-14　惠天热电（000692）放量下跌

从图中可以看到，惠天热电（000692）的庄家出货前是做了很好的准备的。股价下跌前经过了一段长达三个月的上涨行情，成交量和股价的同步提高说明市场上人气旺盛，庄家也坚决做多，但在上涨过程中也出现了三次放量下跌的走势。当股价到达顶点的时候，成交量已经上涨很多，说明跟风盘踊跃追涨，而庄家正是利用了这一点才肯把手中剩余的筹码连续抛出，股票在高位实现了换手，然后股价在没有庄家操控的情况下连续下跌。庄家的出货速度虽然快，但是也有一个过程。只要股民注意观察大盘和个股的走势，不难发现大盘已经在高位震荡后开始加速下跌，庄家的出货也是跟随了大盘的走势的。

4. 涨停出货法

以上三种出货方式中，庄家都是扮演打压出货的角色，当然庄家也有伪善的时候，那就是以涨停出货方式卖出股票。涨停出货方式从手法上讲比较难以区分，在不知不觉当中散户接过庄家的抛盘，本以为可以延续涨停的走势，结果峰回路转，股价急速下跌。

虽说出货隐蔽，但是散户也是有方法察觉出庄家的作为的，那就是利用股价分时走势图来识破庄家设置的陷阱。

在分时图中可以看到股价变化对应的成交量，而且对应关系不同于 K 线图，分时图是某一时点的股价对应的成交量变化。这种时点对应关系更能发掘出庄家细小的抛盘动作。但是如果股民不仔细观察分时图中的价量关系，就会被庄家拉高涨停的手法所迷惑，匆忙买入股票。虽然股价可以在跟风盘的买入下再次拉到涨停，但是第二天激流而下的股价会让相当多的股民损失惨重。

从图 9-15 深华发 A（000020）的分时走势图中可以看出庄家出货的过程。

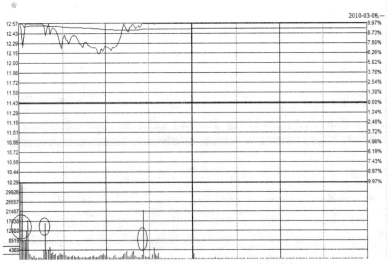

图 9-15　深华发 A（000020）的分时走势

深华发 A（000020）在开盘时即形成跳空涨停的走势，这样大幅度的高开，对任何一个投资者而言都是不小的吸引力。特别是那些喜欢追涨杀跌的投资者，更会主动出击，尽最大的可能买入涨升阶段的股票。而且这次庄家也很仁慈，将涨停板打开，成交量的猛增说明大量委托买入股票的股民如愿以偿。而且第二次打开涨停板时，又有一部分股民买入股票，最后第三次成交量放大，把股票直接拉入了涨停板内。当日该股以 9.97%的巨大涨幅收报12.57 元/股。

从这个拉涨停的过程中可以看出，庄家的高明之处正是由于其先拉涨停的手法，吸引了 100%委比的买盘买入股票。如此多的买盘如果没有庄家的巨量抛售，是无论如何也难以满足其胃口的，不能满足买盘需要的抛售必然不会使涨停板长时间内打开，而深华发 A 的分时走势图正是打开了涨停板，而且时间上讲也是很长的。股民对这种走势应该非常警惕才是。

事实也说明庄家不可能送给散户免费的"午餐"。如图 9-16 所示，深华发 A（000020）的 K 线走势图。

从图 9-16 中可以看出股票涨停后，连续几天都是下跌走势，虽然有小幅的反弹，但是不足以弥补散户的亏损。散户在庄家利用涨停板出货时，查看成交量变化是必须做的，放巨大成交量本身已是最好的警告，如果股民对

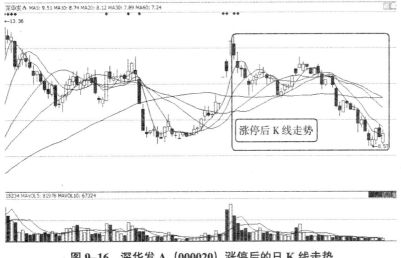

图 9-16　深华发 A（000020）涨停后的日 K 线走势

其视而不见，继续像其他散户一样买入，最后只能是亏损了。当然股民在心里应该对拉涨停出货有种免疫力才行，适当控制自己的贪欲，不能见涨就追，见跌就杀，而应该全面分析其中的量价关系再做决定。

第四节　对付中长线庄股的策略

一、准确预测庄股拉升的目标价位

庄家拉升股票也是有一定的目标价位的，不是说想拉到哪里就能涨到哪里。因为股价再怎么上涨也需要业绩的支撑，没有业绩支撑的股票难以有特别大的涨幅。同样没有业绩支持的股票也不会受到投资者的过多关注，庄家拉升的时候缺少跟风的投资者，股价也不会有很大的涨幅。那么如何才能比较准确地判断庄家拉升的目标价位呢？可以从以下的几个方面来考虑：

1. 从个股的估值上考虑

股票的价格归根结底是要反映真实的价值，要想真实认识股票的价值就要分析上市公司的基本财务状况。投资者可以从市盈率入手，分析股票的真正价值。

2. 从股票的历史价位考虑

股价长时间的走势是有一定的连续性的，而且跟随业绩的变化不断地进行调整。股价的历史低位和历史高位，对于判断今后的股价走势有很好的借鉴意义。通常如果上市公司的业绩不发生大的变化，股价也不会大幅度的波动。公司业绩在历史上若能稳定增长，反映在股价上也是稳定上升；业绩不稳定的公司，股价也不会是稳定上涨的；经常亏损的公司的股价是不会有连续性的上涨趋势的。

3. 从股价的绝对数值大小考虑

将市场中的股价大概分为三类：8 元以下的低价股、15 元以上的高价股和两者之间的中价股。庄家拉升的股票如果处于低价股行列，那么拉升的空间将会比较大，但是目标价位一般也不会轻易超过多数的高价股所在的价位。

4. 与同行业股票对比

与同行业当中的股票有一定的可比性，尤其公司的基本面和盈利状况相似的公司股票，股价上的差别也应该相似。各方面相似的公司股价差别如果太大，必然会引来很多投资者套利，套利的结果就是两者股价趋于一致，或者价差减小。

中国平安（601318）从 2006~2009 年的每股收益分别为 0.97 元、2.11元、0.09 元、1.89 元。中国人寿（601628）从 2006~2009 年的每股收益分别为 0.34 元、0.99 元、0.36 元、1.17 元。如果按照 25 倍的市盈率来看，人寿和平安的股价分别为 25 元/股和 50 元/股是比较合理的。即使考虑公司的成长性股价也不宜过高。从 2009 年股市反弹的过程也可以看出，当时的中国人寿和中国平安的股价也只是分别上涨到 34.68 元/股和 64.52 元/股，就停止了上涨的行情。显然庄家也不会用大量的资金生硬地将股价拉到很离谱的价位，强行拉升股价只能使庄家自己被套牢。

从股价的绝对数值上来看，平安和人寿的股价也算是高价股了。一般的高价股是很难以翻倍的速度上涨的。

从同行业比较来看，平安和人寿在收益方面相差一倍，而反映在股价上也长时间相差一倍左右。如图 9-17 和 9-18 所示，两个公司的股价在最高位时分别为 75.98 元/股和 149.28 元/股。这样同一时点的股价和两个公司的业绩水平基本上是能够对应的。而两个公司的股价在最低时候分别达到 17.25元/股和 19.90 元/股，这样的股价没能真实地反映两个公司的业绩水平，两个公司的股价都被低估了，而且平安的估值水平显然要低于人寿。在上涨过程中两者的涨幅也不尽相同。在股价创新高的时候，两个公司的股价重新回到了相差一倍的程度上。不仅如此，两个公司的K线走势也几乎是同涨同跌

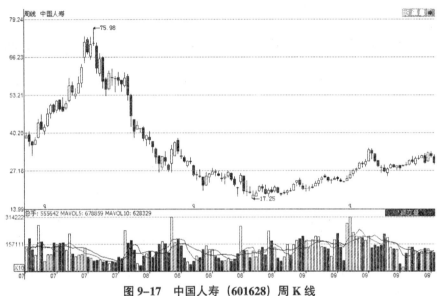

图 9-17　中国人寿（601628）周 K 线

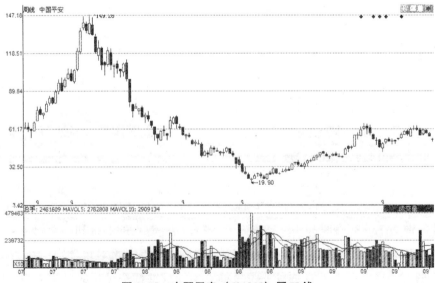

图 9-18　中国平安（601318）周 K 线

的，只是涨幅会有大小之分。

总之，在分析庄家拉升目标价位时，不能仅从一点上分析，要综合考虑公司的估值、股价的绝对值、历史价位和同行业对比。只有这样才有可能比较准确地预测庄家的拉升幅度。

二、识破庄家骗线手法

骗线就是说庄家利用资金优势，人为制造出完美的上涨或者下跌的走势图。让散户掉进看多或者看空的陷阱当中。

庄家常用的骗线手法可谓五花八门，防不胜防。特别是热衷于利用技术分析手法来买卖股票的散户，一不小心就会掉进庄家精心设置的陷阱里。骗线手法主要有：

1. 盘中强拉股价

庄家通过盘中大幅拉升股价，然后回落走势，可以在 K 线图中画出长长的上影线，制造看空后市的假象。而实际上庄家在低位不断建仓买入股票，为日后拉升股价做充分的准备。

2. 尾市强拉股价

庄家利用大量资金在尾市强拉股价时，由于时间有限、抛盘数量较少，因此经常可以获得巨大成功。这样可以在 K 线图中画出很长的阳线实体或者是带有很长下影线的小阳线。制造后市仍然看涨的假象。一旦股民在第二天大量买入股票，股价就很可能急转而下，套牢所有的散户。

3. 股价假突破形态

假突破在 K 线走势图中是经常可以看到的技术形态。如突破三角形、矩形、均线等。通常假突破是伴随着较大的成交量的，否则不足以欺骗散户。

4. 假填权

通常个股能否真正实现充分填权，同当时的市场情况有很大的关系。市场涨势良好时，填权的可能性极大；市场阴跌不止时，填权的可能性就很小了。所以股民要十分小心假填权。当然如果某个公司的发展前景极好，充分填权还是很有可能的。

三、牛市庄股操作策略

牛市当中的股票被庄家操控，通常都是长线控盘，股价不到达真正的顶部的时候，庄家是不容易出货的。牛市前庄家通过长时间的建仓操作，收集大量的筹码。在股价被拉升阶段，庄家通过不断洗盘来吓跑散户，并且把股价从一个顶点拉升到另外一个更高的顶部。这种情况下股民在买入股票后，只要基本面和技术面都没有太大的变化，就应该长线持有。只有长线持有才可能获得更高的收益。

如果庄家打压股价十分厉害，股价下跌幅度很大，投资者也可以在局部高位适当减仓，在股价下跌到一个低位附近时，再加大持仓。通过多次高位卖、低位买也可以获得可观的收益，而且不会使自己深度套牢。

四、熊市庄股操作策略

熊市当中庄家在操作手法上会倾向于大幅度地做空，而不是逆市而动。因为通常在熊市中能够走出上涨行情的个股，绝非是一般庄家能够办得到的。逆市而动的股票其上涨时间也不会太长，如果幅度过大、上涨时间过长，最终会因为套牢的投资者解套或者杀跌等使股价重新回到下跌的趋势当中来。

在熊市当中，庄家拉升的手法通常是快拉快出的。遇到大盘反弹的时候，会在短时间内将股价拉到位，然后迅速获利了结头寸。投资者在对付这样的庄家时，要时刻注意个股和大盘的变动情况，在大盘下跌的时候要迅速减仓或者抛空股票，以避免庄家出货后造成损失。

在熊市即将结束、大盘见底的时候，庄家肯定会利用一切必要的机会来打压股价，实现低位抢筹建仓的目的。投资者对庄家的打压行为要有一定的免疫力，否则很容易被庄家赶下去的。

在熊市当中一定要记住"现金为王"的策略。一定要分批次地买入股票，不能一次性将资金全部投入进去。因为熊市当中不缺少便宜的股票，只是缺少既有资金又打算买股票的投资者。因此，熊市当中"现金为王"是有一定道理的。

第十章　解套必读

第一节　寻顶卖出解套法

　　投资者盲目追涨后，在股价上涨的顶部被套是很麻烦的事情。这样的部位必须要解套不可，如果等股价逐渐跌入谷底，投资者再想解套恐怕就晚了。那么怎么解套呢？就是利用股价下跌途中的大反弹、小反弹不断地卖出股票。时间一长，投资者也就自然解套了。

图 10-1　新黄浦（600638）寻顶卖出解套

如图 10-1、图 10-2、图 10-3 所示，投资者在顶部买入股票后，可以等待股价形成双顶中的第二个顶部后，再卖出股票，这样的话损失不是很大。

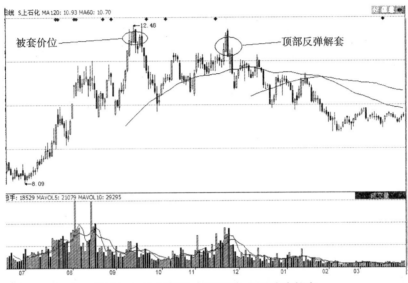

图 10-2　S 上石化（600688）寻顶卖出解套

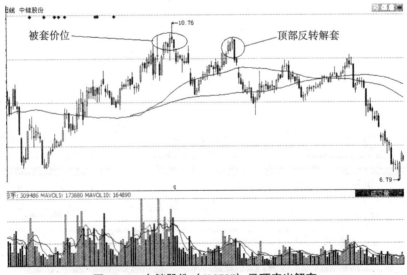

图 10-3　中储股份（600787）寻顶卖出解套

第二节　向下差价解套法

投资者买入股票被套后，等股价反弹到相对的高位后，先卖出股票，等待股价下跌到相对的低点时，再买回股票。这样不断地在高位卖出、低位买进以降低持仓成本。直到最后亏损小时或者有少量的盈余，再将股票全部抛售。

向下差价解套法的前提是判断股价是处在下跌的趋势当中。

如图 10-4 所示，投资者在 A 点价位买入上港集团（600018）后，立即被套牢。这时候投资者首先判断股票向下的趋势没有变，开始在 B 点价位买入股票，等待股票上涨到相对的高位 F 点价位后卖出股票，这样就赚取了 B 点到 E 点的股价差额。当股票继续回落到 C 点后，投资者再次买入股票，同样在相对的高位 G 点价位卖出股票。这样不断地操作，在 B、C、D、E 点买入股票，在 F、G、H、I 点卖出股票，等待亏损全部消失后，投资者就可以

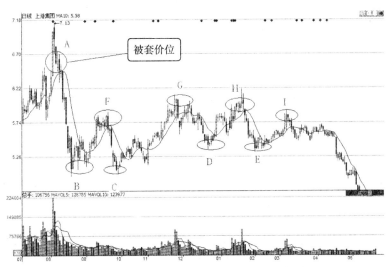

图 10-4　上港集团（600018）向下差价解套

将股票全部卖出，完成了解套。

第三节　向上差价解套法

投资者买入股票被套后，先在股价的低点买入股票，待股价反弹到一定高度（相对高位）后，卖出手中股票。当然反弹的高度不一定能够到达被套牢的价格。通过这样的几次反复，先买后卖出操作，最终将亏损弥补上，解套也就相应地完成了。

向上差价解套法的前提是判断股价是处于上涨的趋势当中。

如图 10-5 所示，投资者在 A 点买入福耀玻璃（600660）后，股价即下跌至 B 点价位。虽然被套牢但是投资者判断股价仍然是向上涨的，那么在 B 点买入股票，待股票上涨到相对的高位后，如 E 点的位置，再卖出股票。经过这样反复操作：B、C、D 点买入股票，E、F 点卖出股票，一直到投资者的亏损消失为止，就完成了解套操作。

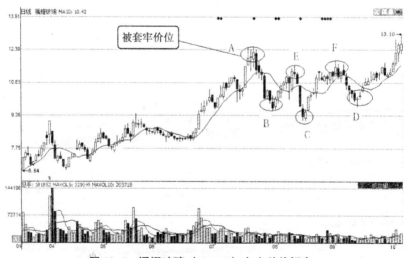

图 10-5　福耀玻璃（600660）向上差价解套

第四节 强弱分析解套法

强弱分析解套法，就是通过分析同一时间内的股票K线形体，辨别出股票的强弱状况，从而选择那些强势处于上涨阶段的股票，卖出手中的被套股票。

如图10-6所示，四只股票——鲁润股份（600157）、武汉控股（600168）、格力地产（600185）、中牧股份（610195）——当时的日K线图中，跟同期上证指数的走势几乎一模一样。而铜峰电子（600237）（图10-7）的走势则比大盘（图10-8）强势得多。投资者在这时候卖出被套牢的股票，买入铜峰电子，其盈利的把握会比较大。

图10-6 四只股票的日K线

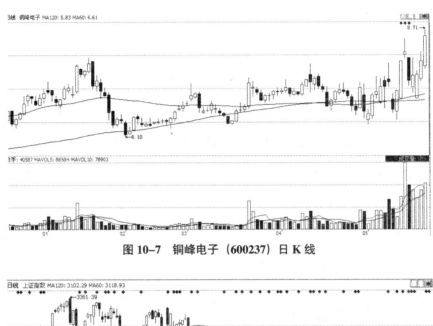

图 10-7 铜峰电子（600237）日 K 线

图 10-8 同期上证指数日 K 线

第五节 均线摊平解套法

均线摊平解套法就是在投资者买入被套牢后，等待股价回落到长期均线附近时,用双倍的资金量买入被套牢的股票。这样的话即使股价在后市中只上涨到下跌幅度的一半,即可收回成本(不计费用),从而使投资者顺利完成解套操作。在股民完成解套后,投资者可以选择暂时抛售获利部分的股票,持有被解套部分的股票。

假如股民不想一次快速解套,股价在第一次下跌到均线附近的时候,也可以只动用相当于持仓成本的资金量来买入股票。在以后各期内,只要股价跌至均线附近,则再次买入相同的股票。直到投资者认为股价已经虚高,就可以逐渐获利了结头寸了。

如图10-9所示,投资者在买入被套后,可以在60日均线处再次买入股票,不断地摊低成本,为解套或者获利创造条件。

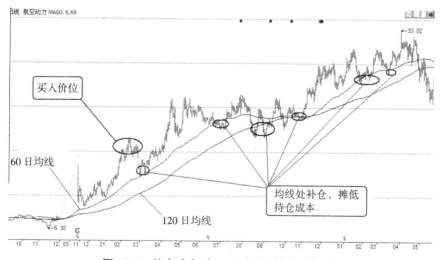

图 10-9 航空动力(600893)均线摊平解套法

图10-10也是应用均线摊平法解套。这里需要注意的一点就是:股价跌破60日均线后,要等股价再次站稳60日均线后,再买入股票。在60日均线买入的风险还是比较大的。

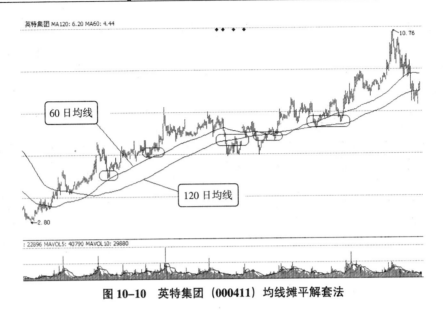

图 10-10　英特集团 （000411） 均线摊平解套法

第六节　先买后卖解套法

投资者在牛市当中被套以后，后市虽然继续看涨，但是已经短时间内被套。如何才能顺利解套又能获得后市股价上涨带来的收益呢？那就是不断在股价靠近均线后，买入股票。利用多次低价买入股票的机会来减轻持仓成本，这样股价上涨到一定幅度后，就可以自然解套。不但如此，投资者还可能获得股价继续回归上涨行情带来的收益。

如图 10-11 所示，广深铁路 （601333） 在 2008 年底到 2009 年初的反弹过程中，若投资者在 A 位置买入一手股票，股价不久即反转向下，一直下跌到 B 位置。这时候的市场处于大盘绝地反转后的小牛市当中，投资者判断后市还是看涨的。将牛市上涨作为前提，股价将来也不会轻易跌破均线，因此，投资者在 B 处继续买入一手股票。等待股价上涨到 E 位置后，投资者将前期套牢的一手股票抛售，留下一手股票继续持有，这样的话股民有了相

应的收益（股价从 B 涨到 E 后一手股票的收益），又可以在 E 价位附〔
持仓。当股价下跌到 C 位置后，投资者再次被套了。这一次重复在 B 〔
作，等待股价上涨到 F 位置后，再一次卖出一手股票获得收益。

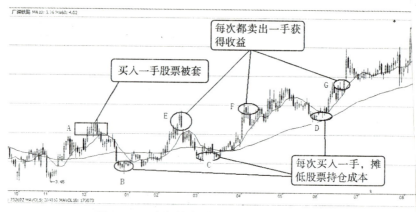

图 10-11　广深铁路（601333）先买后卖解套法

投资者最终经过 A、B、C、D 四个地方分别建仓一手股票，并在 E〔
G 三个地方分别卖出股票，获得了三次盈利的机会，G 位置过后投资者〔
仓成本是 A 点的股价，这样的话投资者非但没有使 A 位置的持仓被套〔
反而在股价连续上下波动的过程中获得了三次收益。当然例子中的投资〔
以买入更多的股票，而不仅仅是一手。使用先买后卖解套法的时候，事〔
定要有一部分剩余资金，这样才有可能在被套牢后再次买入股票。

第十一章　风险规避必读

第一节　构造投资组合，应对股市风险

一、投资组合的作用

（1）通过合理的证券投资组合，可以有效地降低投资风险，使投资者不会因为投资风险扩大而被迫离开股票。

（2）提高投资收益水平。通过对风险不同、收益率水平不同的股票进行合理的组合，可以在收益不变的情况下实现投资风险的最小化，或者说在风险不变的情况下实现投资收益的最大化。不论是哪一种，对投资者都是有百利而无一害的。

（3）拥有广泛的投资机会通过股票的投资组合管理，可以使投资者买入不同种类上市公司的股票，拥有更多、更好的投资机会。

（4）证券组合的专门化管理有利于提高收益水平。随着资本市场的不断发展，证券投资组合管理变得越来越专业化、普遍化。这样能够使风险和投资收益更好地匹配。

二、投资组合管理的方法

确立投资组合的目标：投资组合目标的设立，要综合考虑股票市场的状况，以及国内国外政治、经济的大环境等因素，客观地分析得出合适的投资组合目标。

建立投资组合前必须知道要达成什么样的目标，这样也为以后评价收益水平提供参考。由投资组合的作用可以知道投资组合目标主要是达成预期收益和风险控制。预期收益方面：在一段时间内完成一定的投资回报并且实现投资收益的稳定增长。风险控制方面：确定能够承受的最大亏损数额，降低持仓风险。

三、投资组合的构建方法

（1）选择好投资组合的范围。对于普通投资者而言，投资组合的范围主要是股票当然也可以包括一些债券。

（2）分析风险和预期回报。分析好每只股票的风险和预期回报率，是投资组合能否成功的关键一环。投资者应该选择与投资目标相互适应的证券来构建投资组合。

（3）确定每只股票在投资组合中的权重。这一环关系到投资组合目标达成的成败，投资者应该引起高度的重视。

四、投资组合的调整

有了达成投资组合的预期目标，投资者必须对组合中的证券不断地做出调整。这样做的原因是：股票预期收益和风险随着各种因素不断变化着的，因此就要对其进行调整，剔除一些对增加收益和降低风险不利的股票，添加一些有利于增加收益和降低风险的股票。

五、证券组合的收益率评价

对证券组合的投资评价涉及实际收益率和风险大小两个方面的内容。评价的是投资组合整体的投资效果，而不是某一只股票的收益和风险。

第二节　端正心态，应对股市风险

同样的市场、同样知识水平的投资者，各自的盈利状况却有很大的区别。究其原因是心态问题。

投资者想要盈利首先要过自己心理这一关，炒股赚钱既不是简单的事情，也不是多么复杂的难事。股市中一般好心态的人都能收获多多。养成好的炒股心态其实并不难，只需做到以下几点：

一、平常心对待

刚卖出去的股票涨了，郁闷了；刚买进的股票跌了，又郁闷了。因为炒股影响心情、影响正常生活，这样不如早日离开股市，避免不必要的损失。

股市涨跌互现是很正常的事情，盈利要懂得满足，亏损也要学会等待。只有具备这种心态，才能长期生存在股市当中。股市赚钱固然重要，但是更重要的是生活，过一种有意义的幸福生活，这样才是最重要的。

二、心浮气躁让人失败

股市不能鲁莽行事、自以为是、担惊受怕、犹豫不决。若要炒股获利其实并不难，关键是要有颗平常心。好的心态注定收益不会太坏，坏的心态最后一定是要失败。好的心态可以让赔钱的股票赚回来，坏的心态可以让赚钱的股票赔进去。"平和、乐观、慎重、理智、宽容"，这些都是好的心态。有了这样的心态，在复杂多变的股市中也不会使我们失去应有的理智和判断能力。

投资者要做的就是赚了钱不过度兴奋，赔了钱不过度惊恐，一切泰然处之，这样的心态才是正确的投资赚钱心态。

三、赚钱不容易，要学会等待

"股市有风险，赚钱需等待"，投资者想要在股市中生存下来，而且还要赚到钱，就要用投资的眼光来买入股票，长期持有，等待股价反映公司的真实盈利水平。不能够急功近利，鼠目寸光。因为我们买入的不是一张纸，而是一个公司未来的价值。未来公司创造多少价值要靠上市公司不断地实现，投资者要做的就是选择好公司，买好股票，等待股价反映真实的公司价值那一天的到来。

股票投资是高风险、高收益的投资活动，投资者需要小心对待才好。

四、不看市场，只看公司

公司的价值比较稳定，而且还有不断上涨的趋势。但是股价却天天、时时变动。今天 10 元，明天可能就会是 9 元。什么原因造成这种结果呢？原因在于市场受到供需的影响，可以不断地涨跌互现。可是公司的价值短时间内是不会有太多变化的。这就是人们常说的"市场短期是投票机，而长期是称重机"。

投资者如果能够静下心来多了解公司的业绩，就不会理会每天股价混乱的涨跌状况了。这样对股民的长期盈利是有好处的，毕竟我们买的是预期的收益，而不是现在的利润。

五、牛市不乱买，熊市不乱卖

牛市中股价一飞冲天，各种股票都在猛涨，真是"你方唱罢我登场，牛市中个股纷纷涨"。在牛市中投资者最容易把持不住自己，看着别的股票涨了，就转手卖出手中的股票，买入上涨中的股票。这样换来换去，最终一无所获。而在熊市中，股票阴跌不止。跌来跌去，股票跌到了净资产的价位，但是投资者竟然还在怀疑是否买入的问题。熊市中本来股价就很低，价值洼地随处可见。但投资者还是卖来卖去，殊不知自己已经买入打了折的股票，还想换成别的股票。这样做在以后怎么能够有好的投资回报呢？熊市中不胡乱卖出股票，见到物有所值的股票长期持有才是良策。

六、认识股票的本质

在投资者买入股票后，股票其实就只是一个代号，这个代号是你持有的上市公司的份额。股票在市场上是有价格的，而其价格每天、每时都在变化。但是不论怎么变化，都只是数字而已，不能代表真正的盈亏状况。股民大可不必为这些变化的数字感到兴奋或者伤感。

炒股就是为了投资而来的，不要为了眼前的蝇头小利，影响了自己长时间的投资计划。切记：买股票买的是上市公司的未来，而不是买每天不断变化的股价。

第三节 祛除贪、恐，应对股市风险

错误心态当中最危险的就是盈利时候的贪心，亏损时候的恐惧。这两种炒股心态是绝对要不得的。

大凡炒股的人都会有这样的经历，买了的股票本来已经涨了不少，账面上有不少的盈利，但就是没有及时卖出股票，使自己少赚了很多，更有甚者还会造成亏损出局。这样的情况在股价涨到顶部的时候，发生的几率尤其大。其实股市就是这样的，每天涨涨跌跌都是很正常的事情，股价不是每天都反映股票的真实价值。有些短线投资者就是在低点买入了打了折扣的股票，待到股价涨到了高位还要硬撑着，这种在股价高位贪心的想法是不能够有的。当然适度贪心也是有好处的，如贪心可以使自己追求更大的投资收益，使资金不断膨胀。只要是进入股市的人都会有一定的贪念，只要控制好自己的贪念，股市还是有利可图的。

炒股另外一种心态就是恐惧心理。恐惧心理就是自己亲身感受到危险或者想象危险来临后，表现出的一种郁闷的情感状态。要克服恐惧心理，投资者应该提高对股市的认识能力，扩大自己的知识储备，以便正确认识股市波动规律，避免不必要的损失。投资者还可以从培养坚强的意志品质，乐观的生活态度方面入手，增强心理承受压力的能力，这样在遇到股市强烈震荡的时候就不会惊慌失措了。如果这样还不足以让自己减少恐惧心理的话，可以通过以下的方法来减轻恐惧心理。

（1）将自己恐惧的场面按照恐惧的程度依次写在本子上，每一页写一种。最恐惧的事情写在最后一页上，相对最不恐惧的事情写在第一页上面，按照顺序放好。

（2）开始全身放松练习。坐在自己认为最舒服的地方，有规律地慢慢呼气和吸气。感觉自己进入松弛状态后，翻开第一页，把这一页当中的恐惧事情想象出来，越逼真、越清晰越好。

（3）如果这样让你感觉到恐惧不安，那么放下本子，继续刚才的放松练习。感觉自己又放松下来后，再拿起本子继续想象。这样反复放松、反复想象恐惧的情形，直到这种恐惧现象不会让你感到恐惧为止。

（4）依照同样的方法看下一页恐惧的场景（前提是上一页的恐惧情形不会再让你感到恐惧为止）。

当自己描述的恐惧情形全部都不感到恐惧后，投资者的心理承受能力也有了比较大的提高。

　　投资者要想真正拒绝贪婪和恐惧，就要在股票的分析能力上下工夫，因为贪婪和恐惧本身也是投资者不成熟的表现。如果真的无法克服的时候，按照自己事先设计好的进场点和出场点买卖股票，就不会有太多的问题了。

第四节　远离流动性风险

　　股票市场之所以有生命力就是因为具有流动性，如果流动性不存在了，那么市场也即将结束了。对于流动性的定义众说纷纭，有两种说法基本上可以说明流动性的定义。

　　一种说法是"在一定时间内完成交易所需的成本，多寻找一个理想的价格所需用的时间"。

　　另一种说法是"为进入市场的订单提供立即执行交易的一种市场能力"和"执行小额市价订单时不会导致市场价格较大幅度变化的能力"。

　　流动性好的市场可以保证股票市场的正常的运作，可以充分地降低交易成本，使股票的价格更加趋于合理。因此，好的流动性对投资者来说就意味着较低的交易成本和合理的股票价格，这样对投资者顺利地完成股票交易，节约资金成本是很有好处的。虽然如此，股市的流动性是随时变化的，流动性风险也是经常存在的，因此投资者一定不能低估了流动性风险。

　　从换手率方面看，沪深股票的流动性还是比较高的，就连美国这样的市场都比不了。但是国内流动性的波动性太大、很不稳定。就拿换手率来说，有时候换手率可以是百分之零点几，而有时候换手率又可以到百分之二三十，这么大的变化幅度令人难以想象。流动性风险比较高的时候，经常是"羊群效应"开始显现的时候。例如，在国家出台印花税上调政策后，股票价格快速下跌，投资者争抢着要卖出股票。致使很多个股都会被抛售到跌停板的位置。股票一旦跌停，投资者都挂上委托卖出的指令，失去买方的股票也就失去了应有的流动性。股票根本就不能够成交，意味着只能等待下跌到合适的位置再卖出股票，这对投资者简直就是晴天霹雳。投资者将不得不面临巨大的经济损失。

流动性风险实实在在地存在于投资者身边，投资者应该想方设法避开流动性风险带来的不必要的损失。

不去碰那些有问题的股票，包括 ST 类股票、业绩不稳定股票、跌停类股票。那些成交量很小、换手率极低的股票也最好不要去买。这样的股票没人过问，即使有人买卖，交易也不频繁，尤其遇上有负面影响突发事件更容易失去流动性。流通盘太小的股票也慎重对待。流通盘小容易被庄家操纵，万一庄家持股太多，又偏偏在股价顶部急于出货。这时候很容易因为没有买盘而无量跌停。

国内股票市场中对于涨跌停板的限制本身就在一定程度上限制了股票的流动性，股价在涨停的时候买不到，是对持股投资者预期收益的一种剥夺；而当股价跌停的时候，想卖出股票的投资者又卖不出股票，更是扩大了持股投资者的风险。这样看来，投资者面临的流动性风险还是比较大的。

第五节　远离问题公司，应对股市风险

股票市场收益虽然比较高，但是对应的风险也是比较大的。投资者投资股票要知道其中蕴涵的价值，同时也更应该清楚其中的风险。这些风险在2008 年大跌当中已经表现得淋漓尽致了。虽然国内 A 股市场还是所谓的"政策市"，但"政策市"也是要反映上市公司的收益情况的。没有好的业绩作为支撑，股价上涨都是虚高的，总有一天股价要回归真正的价值，回归之日亏损的股票就要下跌，业绩好的股票就会上涨。为了远离问题公司，投资者首先应该对这样的一些公司有一个清醒的认识。

一、担保风险

上市公司当中，有很多公司为其他公司提供担保。不当的担保很容易造成上市公司的亏损，特别是那些经营不够稳健、实力不够雄厚的公司，担保金额和数量十分巨大，一旦担保的部分出现问题，上市公司就会面临比较严重的亏损。这种风险是不得不考虑的。

担保风险主要体现在以下几个方面：

财务风险：担保业务是上市公司的或有负债，但是一旦被担保方无力偿还到期债务，担保方就不得不承担连带责任而负责清偿债务。如果被担保方确实无力偿还债务，上市公司可就面临着真实的负债了。上市公司的财务风险由此凸显出来。

业绩风险：如果担保贷款没有出现问题，那么上市公司将因此而收取一定的担保费，增加公司的收入。一旦担保贷款这一或有负债转化为现实的负债，将对上市公司的业绩产生致命的打击。其结果是减小上市公司的现金、未分配利润或者待处理流动资产损失，增加其他应付款项等。

由此看来，投资方该设法规避那种胡乱担保的公司，只有这样才能避免不必要的损失。

二、出口下降风险

金融危机在外需下降、国内需求又不是很大的前提下，以出口为主的上市公司的业绩一定会受到比较大的影响，出口的下降将直接影响上市公司的业绩水平。因此，投资者要避免投资这类公司的股票。

三、原材料价格高企风险

原材料价格不断上涨对于那些生产企业的影响是很大的，如国内的钢铁企业。国际铁矿石价格年年上涨，而且越涨越高，越涨越不合理。钢铁企业面临严重的原料上涨风险。本来国内钢铁企业的利润率就不是很高，很多还在亏损的边缘，面对铁矿石价格的上涨，企业如何才能转移成本高企的风险，提高盈利水平，就是很严重的、很现实的问题了。当然企业的问题就是投资者的问题，如何避开这样的上市公司，投资者应该仔细研究才行。

四、上市公司退市风险

所谓"退市风险"就是指：上市公司中连续三年半亏损的企业必须强行退市。退市就意味着上市公司以后将从二级市场上消失，投资者的资金将变得几乎一文不值。这么大的风险是任何投资者都难以应对的。不管是由于什么原因退市，退市的结果是一样的，那就是人财两空。买入股票前，认真分析上市公司的基本面、识破财务造假行为、发现问题公司是投资者首先应该认真对待的事情，只有这样才能保证投资资金的安全保值。

第六节　政策风险

国内股票市场只有不到 20 年的时间，指数走势上经常与经济发展相背离，政策市的特征十分明显。政策既能够当"油"用，又能当"刹车闸"踩。当"油"用时股市狂飙不停，当"刹车闸"踩的时候股市狂泻不止。受到政策干预的股市明显违背了市场运作的规律，狂涨狂跌，必然会给投资者带来巨大的风险。

尽管如此，国内证券市场的"政策市"现象不会在短时间内消除。这样投资者就不得不采取措施，想办法化解风险，稳定投资收益。投资者要做的是树立正确的投资观念，抓住经济和政策的方向，这样就可以尽量防范投资风险了。

一、摆正投资心态，树立良好的投资观念

国内的证券市场起步时间比较晚，市场不是很成熟。投资者应该避免盲目地买卖股票，追涨杀跌的疯狂操作。对于市场中人为设置的"政策底、政策顶"要十分小心。由于政策原因产生的底部和顶部往往都是不真实的底部和顶部，具有很强的诱导性和欺骗性。对于政策形成的底部和顶部，投资者要有自己的主见，根据自己的分析和投资常识来判断，不能人云亦云。

二、把握好经济发展的大环境和政策方向

远离政策风险，投资者要做的是多关注宏观经济发展，把握国家政治局势、宏观政策方向、货币政策的变化以及利率和税收政策变化等。提前预计政策变化的方向，早做准备防范系统性风险。例如，从2007年5月30日股市大跌看，政府出台政策前就有了证监会的通知——随着市场不断活跃，大量缺乏风险意识和风险承担能力的新投资者入市，市场违规行为也有所抬头——做了铺垫。如果投资者经常关注国家相关部门政策的变动情况，正确理解政府管理层的用意，就可以顺利化解风险，提高收益水平。

第七节 借钱炒股风险

俗话说"君子爱财，取之有道"，炒股也是一样的。虽然借钱炒股不算是违法犯罪，但是至少也关系到一个人的信誉问题。股票市场变幻莫测，稍不留意就可能被套牢甚至血本无归，信誉全无，那可就得不偿失了。

巴菲特家族就有一个相当好的传统：视欠债为一种耻辱。基于这个传统，巴菲特本人从小就是个不欠债的有钱人。

借钱炒股的事情，在牛市当中尤其严重。牛市中股价动辄就翻一番甚至翻几番。如果再加上银行下调存贷款利率的话，那么对投资者的诱惑就不言而喻了。

投资者借钱炒股的侥幸心理无非是：先拿别人的钱买入股票，等股价涨上去了，卖出股票还钱，自己也能获得利润。市场不好的时候还本付息的事情就很严重。既要还本付息，还要担当股票下跌的损失。实实在在的亏损就摆在面前了。

借钱炒股中的风险还存在于放贷机构。对于不正当渠道获得的贷款，在日后发生纠纷的可能性是很大的。如果不按时还贷的话，很可能给自己惹上一身官司。

第八节　解决纠纷注意事项

股票市场中纠纷的种类主要有代买股票纠纷、捞取价差纠纷、透支纠纷（无意透支纠纷、协议透支纠纷）委托不成交纠纷、错误委托单纠纷、股票倒卖纠纷、代缴配股款纠纷、挪用资金纠纷等。

股民在发生相关的纠纷后应该沉着面对，用法律手段保护自己。解决的方法有以下几种途径：首先，纠纷发生后，股民应该以互相谅解的心态和原则，自己主动解决问题。这样做既节省了法律服务费用，也可以避免伤和气。其次，找人调解。找一个双方都比较认同的中间人来调解，以便双方达成共识。再次就是仲裁。以双方达成的仲裁条款，请相关的仲裁机关对有争议的问题加以裁决。如果这样还不能使双方和解的话，最后就只能考虑依靠法律解决问题。

应的收益（股价从 B 涨到 E 后一手股票的收益），又可以在 E 价位附近重新持仓。当股价下跌到 C 位置后，投资者再次被套了。这一次重复在 B 处的动作，等待股价上涨到 F 位置后，再一次卖出一手股票获得收益。

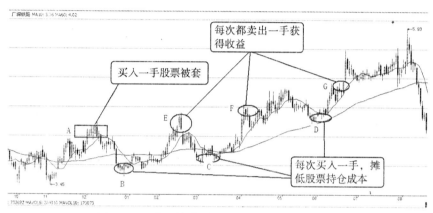

图 10-11　广深铁路（601333）先买后卖解套法

　　投资者最终经过 A、B、C、D 四个地方分别建仓一手股票，并在 E、F、G 三个地方分别卖出股票，获得了三次盈利的机会，G 位置过后投资者的持仓成本是 A 点的股价，这样的话投资者非但没有使 A 位置的持仓被套牢，反而在股价连续上下波动的过程中获得了三次收益。当然例子中的投资者可以买入更多的股票，而不仅仅是一手。使用先买后卖解套法的时候，事先一定要有一部分剩余资金，这样才有可能在被套牢后再次买入股票。